Z世代に
嫌われない上司
嫌われる上司

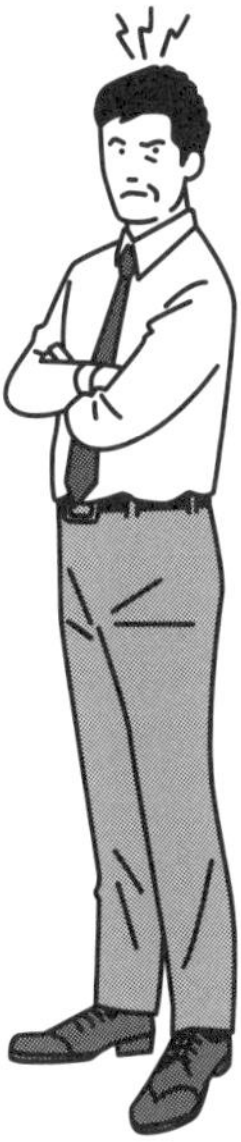

加藤京子

ぱる出版

プロローグ

頑張っているのに空回りする上司

- ☑ 最近のワカモノは優秀だけど、冷めていて、何を考えているかわからない。
- ☑ 仕事を頼むと、「それ、何の意味があるんですか？」と聞いてくる。
- ☑ 初めての仕事は、「手っ取り早く、やり方教えてください」と言ってくる。
- ☑ パワハラが気になって、どうやって指導したらいいかわからない。

この本を手に取っていただいた方は、職場での「Z世代」とのコミュニケーションに苦戦していらっしゃる、そんな「上司」の方ではないでしょうか。数年前から、この「Z世代」と呼ばれる若者と「上司」とのコミュニケーションの問題が度々話題になるようになりました。

私は、社労士として独立開業し、現場の管理職の方々と20年以上向き合ってまいりました。その姿を見ていて思うのは、上司の皆さん、この問題を自分事として真摯に受け止めていらっしゃるということです。セミナーを受講したり書籍を購入したりして、熱心に若者の性質を学んでいらっしゃいます。しかし、そんな上司の想いが空回りしている現状があると感じています。

「こちらが求めているのはそこじゃないのに」「これだからオジサンはわかってない」と若者に呆れられることもしばしば。

若者はそんな上司の姿を見て、「この人には何を言っても無駄」「この人から学ぶことは何もない」と、勝手に悟っていきます。本当にその上司から学ぶことがないかどうかはさておき、です。

そんな上司に対する評価は積もりに積もって会社の評価になっていきます。「この会社で学ぶことは何もない」と思った日には、見切りをつけてオサラバです。

悲しいかな上司は、「これ以上どうしろっていうんだ」状態。最終的に、「自分は頑張っているのに、彼らはすぐ辞めてしまう」→「これだから最近の若者は！」という考えに至ります。

しかし、こういう「他責」に近い考え方をしてしまうと、自身の行動を省みることが難しくなります。さらに、若者に対して貼ったレッテルに自らが囚われ、何か一つでも自分の思い通りにならないことがあると、それを言い訳にして諦めてしまう傾向にあるのです。

これではいつまでたっても両者の関係は良くなっていきません。

「良い関係」を築いて「嫌われない上司」になりましょう

本書では、この「あの人に何を言っても無駄」という状態に陥ってしまった上司のことをわかりやすく「嫌われる上司」と呼んでいきます。

反対に「部下も上司もお互いが過ごしやすい関係性」を築けている上司のことを「嫌われない上司」と表現していきます。

この「嫌われない上司」とは、決して、「圧倒的に優秀で」「会社のエースで」「部下から羨望されている」カリスマ上司を指しているわけではありません。

でも、困ったときに相談しよう、あの人がいればなんとかなると思ってもらえる上司にはなってほしいと思います。

そのためには、まず相手のことを理解することが大切です。

人には、承認欲求という他者から認められたいという願望があります。ですから、自分のことを認めてくれる人、理解してくれる人のことを好きになります。

そして人は、自分の信頼する人、尊敬する人、好きな人などポジティブな感情を抱いている人からの指摘は、嫌いな人からの指摘よりも圧倒的に素直に受け入れるものです。

この関係性が築けると、仕事もスムーズに進むようになるでしょう。チームとしての生産性の向上にもつながるでしょう。

上司は部下の人生に影響を与える

「出会いの質が人生を変える」という言葉があります。

人は「身近な人の言葉」「身近な人の行動」の影響を、大なり小なり受けており、その言動から、「自分の信念を形成・再形成することもある」ということを示した言葉です。

「上司世代」と「Z世代部下」は、各々いつも顔を合わせていて、言葉や行動に影響を受け合っています。大なり小なり、相互の「職業人生」を左右する存在になっています。

さらに、人生で仕事に割く時間は三分の一と言われています。とてつもなく膨大です。

日本企業で、新卒採用というシステムを活用している以上、「上司世代」と「Z世代部下」の縁は、切っても切れないもの。転職が当たり前の時代ですから、新卒でなくても中途や第二新卒の「Z世代部下」と関わる機会は増えているでしょう。

せっかくですから、双方の「出会いの質」を上げていただきたいと思っています。

上司はとても真摯であり、組織の一員としてマネジメントを盤石にしていきたいという気持ちに偽りはありません。ある程度の成功体験を有しています。とても良識的で、組織感覚の高い企業人でもあるのです。躾の文化、道徳・規律のスタンスも良好です。「Z世代」にも学んでほしい、尊敬すべき点は大いにあります。

嫌われない上司になることができれば、部下とのコミュニケーションもスムーズになります。仕事も振りやすくなります。何より、あなた自身が楽になります。

本書では、社労士として現場の生の声を聞き続けている私が、データや現場の声を分析して、今現場で起こっている「ズレ」を掘り下げていきます。

ぜひ、「Z世代部下」を正しく理解して、良い関係性を築いていってください。

加藤京子

目次

プロローグ

第1章 「Z世代」と「上司世代」

第2章 Z世代の「正しい」を理解せよ

第3章 Z世代に嫌われる上司のタイプ

第4章 学んだことがうまくいかない！

本文デザイン・DTP　松岡羽（ハネデザイン）
カバーデザイン　株式会社アートピア

第1章

「Z世代」と「上司世代」

なぜ今、Z世代なのか？

時は2024年。2000年生まれの子供たちが、24歳になろうとしています。そう、立派な社会人デビューを果たしているのです。

本書を手に取っていただいた上司世代の方の中には、「2000年なんてもうバリバリ働いていたよ」という方もいらっしゃるのではないでしょうか。

今、この若者世代と上司世代のコミュニケーション問題が注目を集めています。なぜなら、この意思疎通のズレが、若者の早期退職を促しているからです。これは、企業や組織にとって深刻な問題と言えるでしょう。

日本は現在、少子高齢化による労働力不足に直面しており、企業では常に人手不足。それにもかかわらず、せっかく採用した若い労働力が早期に退職することは、その問題をさらに加速させます。

すでに、その上司とZ世代の関係性は**単なる個々の問題にとどまらず、日本の企業文化や経営戦略全体に深く影響を及ぼす重要な課題**になっていると言えるでしょう。

Z世代の世代区分

初めに、Z世代の定義をお話しさせていただきます。
一般的な世代区分には、大きく「日本における区分」と「海外（特に欧米）における区分」の種類があります。

日本における世代区分

①バブル世代（１９６５年から１９６９年生まれ）
②就職氷河期世代（１９７０年から１９８２年生まれ）
③ゆとり・さとり世代（１９８７年から２００４年生まれ）

欧米における世代の区分

①X世代（1965年から1980年頃生まれ）
アメリカにおけるベビーブーム世代のあと、20代の頃に冷戦終結を経験した世代
②Y世代（1981年から1995年頃生まれ）
ミレニアル世代。10代の頃にはインターネット環境が整いつつある
③Z世代（1996年から2012年頃生まれ）
10代の多感な時期にスマートフォンが身近にある
SNSを駆使した意思疎通が当たり前で、デジタルネイティブと呼ばれている
④α世代（2010年から2024年頃生まれ）

本書では、欧米における世代区分をベースに、**1996年〜2006年頃に生まれた人たちのことを「Z世代部下」、X世代の1965年〜1980年頃に生まれた人たちのことを「上司世代」**と定義してお話ししていきます。ちなみに生まれた年は概ねの目安として参考にしてください。「1年違うから、私は○世代」とはっきり切り分けられるものではありません。

また、これらの**世代観はあくまで特徴・傾向であり、すべての人に当てはまることではありません**のでご了承ください。

更新されてこなかった日本の若者像

日本では長い間、「若者像」が更新されてきませんでした。

なぜなら、日本の年代別人口構成比（図１）からわかるように、彼らは、圧倒的少数派だからです。

２０２４年（令和６年）の総務省の集計によると、20～29歳の人口は１２６７万人、一方で、上司世代は40代が１６９１万人、50代は１７９０万人となっており、その差は歴然です。

この人口の格差により、**日本では「年配層中心」の価値観が深く根付いていました。**

政治にしても、「年配者に気に入られる政党が勝つ」、マーケティングにしても「そこにターゲットを置いた番組や企業が勝つ」という構造はまだまだ見受けられます。

それゆえ、「Z世代」に対する理解は浅いまま。しかし、少数派だからといって、彼らをこのまま軽んじてよいはずはありません。

図1　日本の年代別人口構成比

	男女計(単位:千人)
15〜19歳	5,505
20〜24歳	6,210
25〜29歳	6,460
30〜34歳	6,385
35〜39歳	7,055
40〜44歳	7,774
45〜49歳	9,141
50〜54歳	9,631
55〜59歳	8,275
60〜64歳	7,502
65〜69歳	7,340

概ねのZ世代
計:18,175(千人)

約1.5倍!

上司世代のボリュームゾーン
計:26,546(千人)

出典:総務省統計局「人口推計」令和6年2月報

だから上司は嫌われていく

このＺ世代に対する理解の浅さが、上司が嫌われる理由の一つです。
しかし、日頃、管理職の皆さんと関わらせていただく中で感じるのは、皆さん**「このままではいけない」「何とかしなければいけない」と感じて、一生懸命努力されている**ということです。

でも、現実問題、うまくいかないことが多いようです。
「良かれと思って」アドバイスをしたのに
「良かれと思って」飲みに誘ったのに
「良かれと思って」働きやすい職場にしたのに
「良かれと思って」チャレンジさせたのに
「良かれと思って」褒めたのに

Z世代の部下には何にも響いてなかった、むしろその行動が嫌われる理由の一つになっていた…なんてことがあるようです。

管理職の方との面談を20年続けてきましたが、上司が嫌われてしまう理由は大きく三つあると考えています。

▼理由① Z世代部下の持つ、価値観を受け入れられていない

人は、人それぞれ**価値観**を持っています。価値観とは「物事を評価する基準」なのですが、もう少し砕けた言い方をすると、一つの出来事に対して「それって普通こうだよね」とたどり着く「落としどころ」のようなものです。

そして、価値観は主に「外部環境や触れてきた情報」から形成されます。上司世代とZ世代部下の間では、取り巻く外部環境が大きく変わりました。

上司の皆さんが社会人として育ってきた環境では、「上司の言うことは正しい」とされ、脈々と受け継がれてきた価値観が「正義」として扱われていました。一度就職したら定年退

職までその組織で働くことが当たり前でしたから、その組織で「正しい」とされていることに対して「おかしい」と思ったことがあっても言わない、言ってはいけない雰囲気でした。最初は疑問に思ったことでも、人間慣れてしまえば案外受け入れられるものです。その価値観は長い年月をかけて組織の隅々まで広がっていきました。

しかし、Z世代部下は、インターネットテクノロジーの発展により、多種多様な人々と関わりを持つようになっています。そして彼らは、より多くの情報を世界レベルで比較・検討し、判断をを下してきました。「上司以外」の「正しい」を持っているのです。

そんなZ世代のことを、上司は「最近の若者は分からない」と感じ、Z世代は上司のことを「理解しがたい存在」と思うのです。

人は、自分のことを否定されると、拒否反応を起こします。これは本能的な防衛反応です。**今の上司世代とZ世代は、お互いがお互いの持つ価値観を「理解し合えていない」あるいは、「拒否し合っている状態」**なのかもしれません。

▼理由②　部下にばかり変化を求めている

「言わなくても考えてやれるようになってほしい」
「成長して会社を支える存在になってほしい」
「社会人としての常識を覚えてほしい」
「チーム意識を持って取り組んでほしい」

など、部下に期待を寄せるのが上司です。

学生という立場から、社会人としてシフトチェンジしているのですから、変化を求めるのは当然のように思います。自分たちだって、上司にそう期待され、試行錯誤しながら頑張ってきたのですから。

さて、その期待、**部下本人のことを考えたうえでの感情でしょうか？**

自分が働きやすいように部下に気を遣ってほしいという願望が、先行していませんか？

繰り返しになり恐縮ですが、昔はそれで良かったのです。その企業に勤める以外の選択肢がほとんどなく、上司に合わせるのが当たり前だったからです。

しかし時代は変わりました。

魚心あれば水心ということわざがありますが、相手が好意を示せば、自分も相手に好意を示す気になる。相手の出方次第でこちらの応じ方が決まるという意味です。

上司部下の関係性においてもそうで、**相手に変化を求めるのであれば、まずは自分（自分のアプローチ）から変えた方が、スムーズに関係が改善できるのではないでしょうか。**

▼理由③ 対応が間違っている

もちろん、部下のことを考えてマネジメントを意識している方、たくさんいらっしゃいます。しかし、部下のことを考えているのにうまくいかないときは、たいていの場合、**対応の仕方が間違っているのです。**

「Aの場合はB」というような**一律の対応になってしまっている**ことが多いからです。王道の方法論の表面をなぞった小手先の対応では、部下の心は動きません。

他にも、**部下にきちんとその想いを伝えていなかったり**、部下がその想いに納得できていなかったり、**上司の独りよがりな願望と解決方法になってしまっている**可能性があります。

三つに共通することは、「上司が、上司の考えをベースにして動いている」ということです。しかし、それが過ぎると、頑固、意固地になります。

「あ、なるほど自分はこうなんだけど、ここ間違ってるかもな」というところを踏まえていくことが大切で、「自分が常に正しいです」となるとその先に進めなくなるのです。

大人の定義は、「自分の中に半分、他人が入っていること」と言われます。自分と他人をうまくスイッチすることが重要で、要は、**「上司中心」の考え方になってしまう（上司中心の解釈にとらわれる）と、うまくいかないのです**。だから常に検証してみる必要があるのです。

上司の「あり方」の変化が求められている

過去の組織文化では、厳格な階層構造と指示命令型の指導が一般的でした。だからこそ、上司は部下に「目標を与える」で良かったのです。与えられた目標達成に向けて、突き進んでくれるのが部下でした。多少の理不尽さがあっても、部下は疑いなくそれに付いてきてくれたのが過去の組織の姿です。

今は、そんな簡単にはいきません。

▼転職という選択肢が当たり前になりました

ご存知の通り、今の若手世代にとって転職は当たり前です。

Ｚ世代の若者たちは、**ＳＮＳを通じて様々な職業や業界、働き方を目の当たりにし、これらの情報に触れることで自らのキャリアについて深く考える**ようになっています。ＳＮ

Sでは転職に成功した人々の話も頻繁にシェアされています。それを見て、自分も多様な経験を積むことで自身の可能性を広げたいと思うようになります。

また、**「みんなが転職している」という社会的な傾向も、若者の転職を後押ししています。**それゆえ、昔に比べて企業への忠誠心や終身雇用といった価値観が薄れているという傾向もあります。

要は、一つの会社で昇進を目指しキャリアアップしていくのではなく、転職を繰り返して、異なる環境でキャリアを積み上げるというのが基本の考え方です。

さらに、こんなデータも存在しています（図2）。

このデータの調査対象は新卒の新入社員です。見てわかるように入社する前からすでにその会社では2～3年、長くても5年務めたら辞めるつもりの人の割合が50％を超えています。Z世代の若者たちは、**入社するときから将来的な転職を視野に入れている**ことがわかります。

最近では、**キャリアの二毛作（ダブルキャリア）**という考え方も流行してきています。一人の個人が同時に二つの異なる職業や役割を持つことを指します。

そんな世間を目の当たりにしているZ世代にとって、一つの会社や業界に留まることはキャリアの選択肢を狭めることにつながると感じるのでしょう。多くのZ世代は入社時から自分のスキルや経験を積むことを重視し、それが将来的な転職に活かせるように意識しています。彼らにとって、**転職はキャリアアップや自己実現の手段の一つ**なのです。

図2　新入社員の時点で約半数が10年以内の転職を視野に入れている

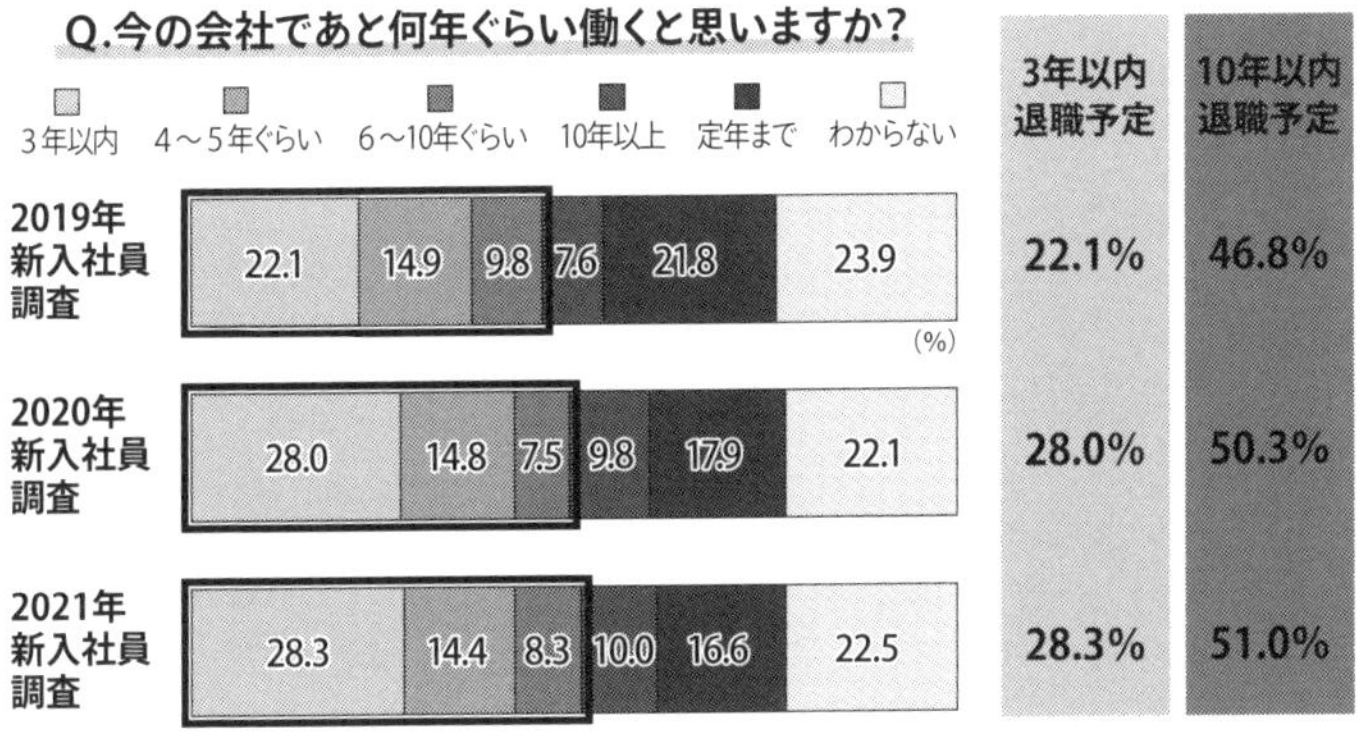

出典：マイナビ転職　新入社員の意識調査　2019～2021年新入社員に調査

▼法律もZ世代を後押ししている

近年、日本の労働市場は大きな変革のときを迎えています。これは、日本政府の打ち出した次の三つの代表的な政策にも反映されています。

①若者雇用促進法（２０１５年施行、以降、順次施行）

職場環境や労働条件が開示され、学生は定量的な評価のもとでの就職活動が可能となりました。学生が企業を評価する眼を持つことで、採用力を高めたい企業の雇用環境の改善が加速しました。また、政府は若者が職場での経験を積み、スキルアップできるように、研修プログラムやメンター制度の導入を奨励しています。

②働き方改革関連法（２０１９年４月施行）

労働法令の広範な見直しが実施され、残業時間の上限規制や、有給休暇の取得などが義務付けられました。

特にZ世代はプライベートと仕事の両立を重視する傾向にあります。職場環境の是正と併せて、フレックスタイム制の拡充など、多様な働き方が可能となりました。

③改正労働施策総合推進法（2020年6月施行）

ハラスメントに対する迅速な処罰や相談体制の整備、再発防止対策等が強化されました。この法律は職場でのパワーハラスメントを防止し、健全な労働環境を確立することを目的としています。同様にパワーハラスメントを明確に定義し、企業に対して予防策の策定や対応指針の設置を求めています。

Z世代の若者たちは、働くうえでの精神的な健康を非常に重視しているため、この法律は彼らが安心して働ける環境を提供する一助となっています。

これらの法律は若者たちが自分たちの能力を存分に発揮し、より良いキャリアを築くための土台を提供していると言えるでしょう。冒頭でも述べましたが、少子高齢化の影響により、日本の労働人口がどんどん減っています。彼らにとって魅力的な労働環境を整え、少しでも**前向きに働いてもらうことが国家的課題になっている**と言っても過言ではありません。

その他、改正育児介護休業法、人的資本経営（社員を重要なステークホルダーと考える経営スタンス）など、今後も改善への企業努力は一層求められることがうかがえます。もう、2015年よりも前のような状態に戻ることはあり得ないのです。

単なる感覚の話ではありません。新しい世代の働き手を支援し、彼らが持つポテンシャルを最大限に引き出すために、**法律が、企業・上司に「あり方の変容」を求めている**のです。

マネジメントを成功に導く2原則

さて、よく顧客に相対する仕事の態度と、マネジメントに向き合う態度を切り分けていらっしゃる方がいますが、それはナンセンスではないかと私は考えています。

仕事を成功に導く原則は、「相手（顧客など）を深く理解し、効果的な対応を行うこと」だと言われています。

部下の育成は、上司の仕事の一つです。**人材育成を成功させるのに必要なことも、「部下を深く理解し、効果的な育成・支援を行うこと」**。同じなはずです。

どちらにしても難しいのはその**「深く理解する」とはどういうことか、「効果的な支援」とは何か**です。

世の中にはすでにZ世代のマネジメントの本やネット記事がたくさん出ていて、Z世代のことを理解したり、対応を取ったりすることは比較的簡単にできます。

それにもかかわらず問題が起こるのは、やはり理解の深度が足らず、対応の方法が効果的ではないからなのでしょう。

その問題を解決するために、まず皆さんに知っておいていただきたい概念が二つあります。

▼アンラーニング

アンラーニング（unlearning）は「学習棄却」と訳されます。

過去に学んできたことで形成された自身の価値観や認識を取捨選択し、新たな知識やスキルの習得によって学びを修正することを意味します。

人は誰しも、自分を基準に物事を考え、判断を下しています。ただ、その基準の中には、「その場には適さないもの」が存在する場合があります。

上司の皆さん、このアンラーニングがなかなかできていないように思います。その理由は二つあります。

理由① 時代遅れの知識や過去の成功体験に固執し過ぎる

繰り返しになりますが、人は自分自身の価値観を正しいと信じて疑わないものです。ですから、異質な考え方が入ってきたときに、それを認められずに既存の価値観に固執することがあります。

例えば、新型コロナウイルス感染症の影響です。今までの「一つの場所で、みんなで」という働き方は「ばらばらの場所で、一人で」という働き方に変化しました。

それが今、通常の生活に戻りつつある中で、出社を強制する会社が増えています。

なぜならコロナ以前の働き方を経験している方は、一つの場所で、みんなで働くことの良さを知っているからです。密なコミュニケーションを取りやすかったので、お互いの状況を知りやすかったですし、非言語的なコミュニケーションから推し量れる情報量も多かったでしょう。

一方、コロナ以降に入社してきた世代は、「別々の場所で、一人で」という働き方が当たり前です。生まれた頃から、情報技術が発展していて使いこなすことができるのでテレワークもへっちゃら。

むしろ自律的に働け、プライベートも充実させることができるテレワークこそ理想の働き方と考えています。

決して出社することが悪いことだと言いたいわけではありません。もちろんその良さもあります。ですが、その良さを説明しないままに、「コロナ以前の働き方こそ、本来の仕事のあり方だ」と押し付けてしまっているケースもあるように思います。

しかし「通勤時間の削減」や「他人に声をかけられず自分の仕事に集中できる時間が確保できる」ことは、上司にとってもメリットがあるのではないでしょうか。

情報共有の不足が問題に挙がるのであれば、週2回は出社するなど、ルールを決めれば解決に近づくはずです。

理由②　新しいことを学ぶことばかりに気を取られ、今自分が持っている価値観が「その場に適しているかどうか？」の検討ができていない

アンラーニングの目的は、**あなたが大切にしてきた価値観の否定ではありません。「今、その場で、最適かどうか？」を検討し、「適していない」場合は新たな知識やスキルを習得して、自分自身をアップデートしていく**ことです。ここで大切なのは、「闇雲に手法をインプットすること」ではないのです。「今自分が『良い』『当たり前』と思っているモノ」と「その場、その状況で求められていること」を照らし合わせて、自分で納得して取り入れることが重要なのです。

そうして初めて、新しく学んだことを自分のものにすることができるのです。

話は逸れますが、自戒を込めてひとつ、**「自分が楽をしようとしていないか?」**という点には気を付けるべきと考えます。

例を挙げるとすれば、電話です。上司世代の方は、電話を好む傾向にありますが、電話は、言語化の手間を半分相手に負わせる行為なので、楽なのです。

一方で、部下はメッセージアプリなどで、自分の考えを言語化することにある程度慣れているので、相手の都合をわきまえなくてもよいメールやチャットを好みます。そのため、上司の楽をしようとする行為に過敏に反応します。

緊急性の高い案件や、メールで送った内容の認識共有など、電話が有効な場面ももちろんあります。なんでもかんでも電話で済ませてしまう、というのが問題です。

重要なのは、**自分たちの電話で聞いた方が早いでしょうという当たり前が、「当たり前じゃ**

ない」という意識を持つことです。新しい環境に応じ、その知識を修正・アップデートしていくために、「当たり前」を疑いましょう。

「Z世代部下」がわからない、とおっしゃっている方の中には、「私はこうやってマネジメントしてます」「これでいいんです」と言い切る方がいらっしゃいます。

こういう方は、はっきり言いますが、アンラーニングができていません。こういう人ほど「Z世代がわからない」と言います。おそらく、この先は、「α世代の育成は難しい」と言い続けるでしょう。過去には「ゆとり世代は難しい」と言っていたはずです。育成のキャパの狭さを「世代のせい」にしてはいけないのです。

▼パースペクティブテイキング

パースペクティブテイキング（Perspective Taking）とは、相手の立場に立って物事を考えることです。日本語では「視点取得」などと訳されています。難しい言葉を使っていますが、要は、相手の気持ちになって考えようね、ということです。

人は自分に都合のいい情報ばかりを集めがちです。自分の経験・知識を頼りに、偏見や思い込みの色を付けて解釈してしまうもの。そしてそれが「正しい」と思い込むのです。「上司世代」と「Z世代」は、生きてきた時代があまりにも違うせいで、持っている価値観に大きな差が生じてきます。お互いがお互い、それを「正しい」と思っているからぶつかり合ってしまうのです。

パースペクティブテイキングは、上司がZ世代の「正しい」を理解するのに役立ちます。企業研修でパースペクティブテイキングを学ぶときには、ロールプレイングをよく用います。役柄になりきり演じることで相手の立場や視点を理解し、情緒的な共感を得られやすくなるからです。この訓練は「今まで、私はそんな考えをしたこともなかったけれど、確かにそういう視点もあるよね」と視野を広げる第一歩になるはずです。

一方、パースペクティブテイキングでも注意したいことがあります。**あなた自身の考えを相手に合わせて曲げる必要はない**ということです。それでは迎合になってしまいます。

社会人になったら大学生と同じ感覚ではいけない、と教育することは重要ですし、自分の理想とする人材像も育成のやり方も大切にしてほしいと思います。

そして、時には厳しく接することも重要です。会社が長年大事にしてきた価値観を継承することも重要ですし、それが会社の「強み」（コア・コンピタンス）にもつながることもあるからです。

まとめ

- 決して、迎合する必要はありません。
- 必要なのは、パースペクティブ丁キングで「Z世代の正しい」を理解し、「上司世代」が持っている価値観が「彼らに適しているか」の視点で、アンラーニングすることです。
- アンラーニングは一度すれば良いものではありません。継続的に行うものです。

第2章

Z世代の「正しい」を理解せよ

Z世代が見てきた時代

ここでは、「Z世代の正しい」を考えてみます。世代全体をひとくくりに「〜である」と言い切るつもりはありませんが、まずは、お互いがお互いを「理解し合う」をゴールに、Z世代が見てきた時代を考えてみましょう。

第1章で価値観は周りの人や環境によって形成されると述べましたが、**Z世代の生きてきた時代は、上司世代の生きてきた時代とは大きくその様相が異なっていたようです。**

▼不安定な時代

1990年頃、日本はバブル経済が崩壊し、長期的な不景気に突入していきます。

そして、世界的にも大きな出来事が起こりました。

例えば、1995年には阪神大震災や地下鉄サリン事件が起こり、日本に大きな衝撃を与えました。このときにはまだ生まれてもいない部下もいるはずです。

２００１年にはアメリカ同時多発テロ（９・11）、２００８年にはリーマンショックが起こり、経済の中心であるアメリカでの事件で、世界的にも不穏な空気が漂いました。

そして、２０１１年には東日本大震災。多感な頃に大災害を目の当たりにしています。

ここに挙げたのは本当に一部の大きな事件です。他にも、地球温暖化による気候変動や異常気象、戦争、ＳＮＳでの炎上など、様々な事件をインターネットやＳＮＳを通じて、高い解像度で情報を見ているのがZ世代です。

極めつけは２０２０年、彼らが新入社員として一番不安を抱える時期に、新型コロナウイルス感染症による未曽有の事態が発生しました。恐怖や不安を抱える中で、教育や労働、旅行や娯楽、政治や経済など、壊滅的な打撃を受けた社会の姿を目撃しています。

こうして具体的に彼らを取り巻く時代背景を眺めてみると、**社会に対して、ポジティブなイメージが持てない、頑張ればなんとかなるという精神論が通じない**のも仕方がないような気がします。

▼インターネットが浸透した世界

その中でも、**最も大きく彼らの価値観やライフスタイルに影響を与えているのがインターネット**でしょう。

日本にインターネットが普及したのは、1995年のWindows95の発売が契機と言われています。企業だけでなく、一般家庭に急速に広がっていったのがこのOSです。

つまり、Z世代は生まれた頃からインターネットテクノロジーが身近な存在にあったということ、彼らが**「ネオ・デジタルネイティブ」**と呼ばれる所以です。

日本で爆発的にスマートフォンの保有率が伸びた2011年頃（図3）に、彼らはやっと高校生や中学生になりました。初めて買ってもらった携帯電話がスマホ、という人も多いでしょう。最近では、「いつデジタル技術に触れたか」が価値観形成に影響を与えるということがわかってきたようです。多感な頃にスマホが当たり前にあった彼らの価値観が、「上司世代」と異なるのは当然でしょう。

その中でも**ＳＮＳの登場により、情報収集の仕方や取得できる範囲が大きく変化し**ました。以前は、テレビや新聞などのマスメディアが主な情報源でしたが、ＳＮＳのおかげで、**世界中の様々な人々のリアルな声に耳を傾けることが可能**になりました。これにより、私たちは多様な価値観に触れ、広い視野で世界を見ることができるようになっています。

Ｚ世代は、日々ＳＮＳ上で交わされる様々な意見や議論に触れながら、「自分はこう思う」という自分の意見を持ちつつも、「こんな考え方もあるんだ」と**新たな視点を受け入れる柔軟性を身に付けています。**多面的に物事を見る力が養われているので

図3　スマートフォン保有率の伸び具合

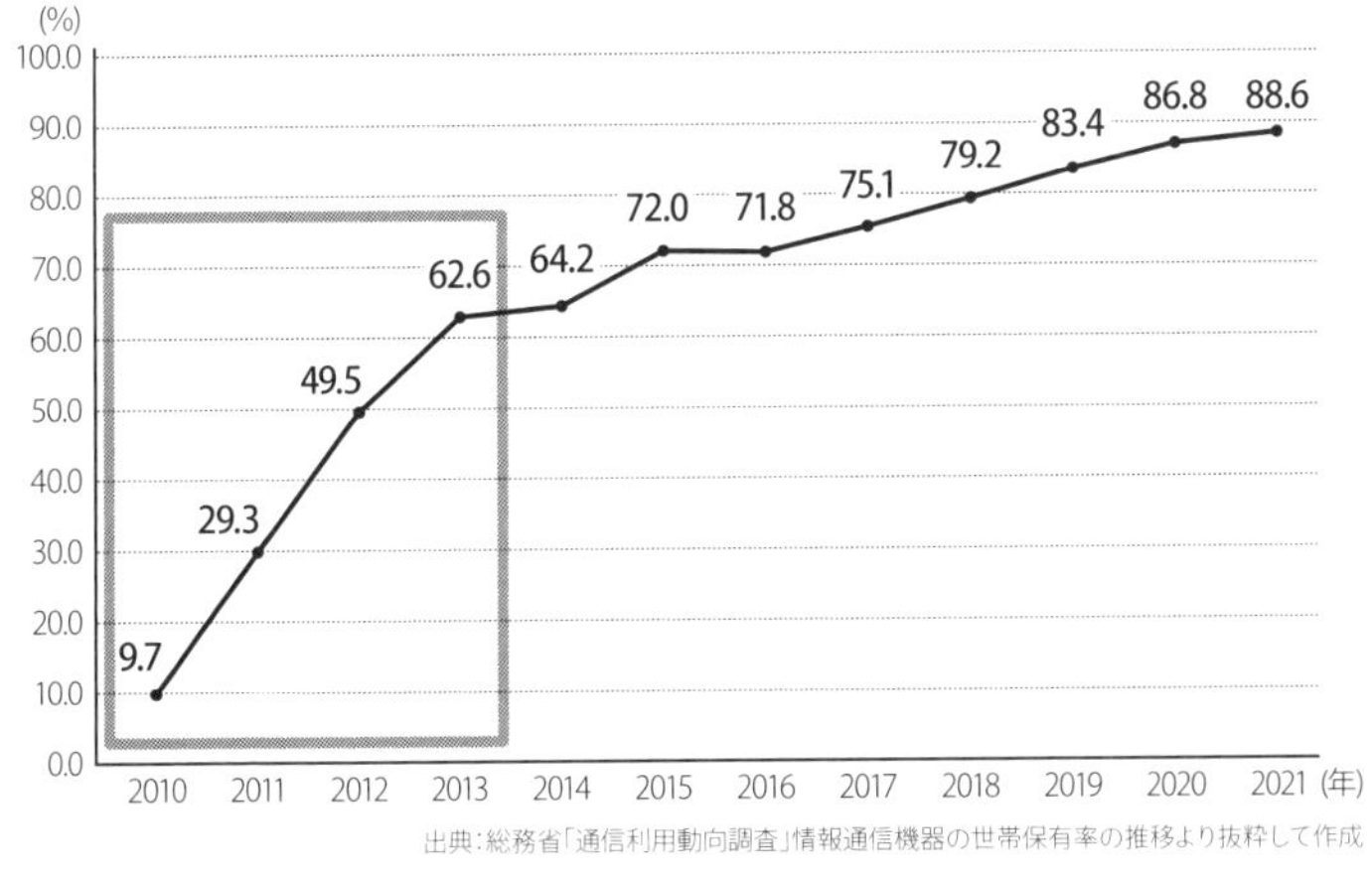

出典：総務省「通信利用動向調査」情報通信機器の世帯保有率の推移より抜粋して作成

す。

つまり、Z世代の生きてきた世界は、上司世代が生きてきた世界よりも圧倒的に広く、多様なのです。見ず知らずの人の発言や思いにインターネット上で触れ、共感し、価値観を形成するに至っています。ですから、彼らの価値観が多様になるのもうなずけます。

▼教育の変化

第1章にて、「ゆとり世代」という日本特有の世代区分を上げましたが、この世代は「ゆとり教育」という言葉から来ています。

ゆとり教育は1980年代から始まった教育方針で、それまでの「詰め込み教育」と言われる知識量偏重型の教育方針を脱し、**「生きる力＝思考力」を育てる教育に大きく方向転換**したものです。

Z世代部下は1996年～2006年頃の生まれですから、この教育方針がしっかりと根付いた頃に学校教育を受けています。（2011年頃には、脱ゆとりとして新たな教育方針が示されていますが、「生きる力を育てる」という方針自体は引き継がれています。）

文部科学省は、ゆとり教育の学習指導要項として次の四つの項目を掲げました。

①豊かな人間性や社会性
②自ら学び自ら考える力
③個性を生かす教育
④特色ある教育、特色ある学校づくり

このように、**それぞれの個性を活かし、自ら学び考える教育を推進されてきたのがZ世代**です。クラスの誰かと優劣を比べられることも少なくなり、競争意識が低下しました。先生から叱られることも少なくなり、叱られることに慣れていません。

上司世代や上司世代を育てた方々は、全員が右向け右の世界でした。左を向けば叱られ、なるべく自らを抑制するような教育を受けてきています。教育のされ方がまったく異なります。ですから価値観に大きな差が出るのも、Z世代を扱いにくいのも当然です。

▼Z世代は実に多様である

　ここからは「Z世代部下」の特徴的な価値観を掘り下げていきます。しかし、あくまでもその世代で傾向的に見られる特徴で、実際の部下は当てはまらない場合もあります。それだけ、**彼らの持つ価値観は多様化が進んでいます。**実際の現場では、彼ら一人ひとりの価値観を理解し、それに合わせて最適化した対応が不可欠です。

　では、なぜこのタイミングで彼らの特徴を取り上げるのかというと、ここでZ世代の概ねの特徴を知っておくことで、上司世代がその価値観を受け入れやすくなるためです。人はまったく知らない、自分が「わからない」ものを目の当たりにすると、拒否反応を示します。

　上司世代がいざ部下に対面し「自分にはまったく理解できない価値観」と出会ったときに、**頭ごなしに否定することのないように、体系化した知識**として知っておいていただければと思います。

仕事との関わり方編

▼仕事よりも「自分」が優先

Ｚ世代は、前述のゆとり教育学習指導要領の通り「個性を大切にする」教育のもとで成長しました。自分を尊重される世界で生きてきたのです。ですから、彼らは**組織よりも個人を優先する傾向が強く、上司世代と比べて帰属意識が薄い**と言われています。

さらに、２０１３年には「ブラック企業」

図4　働く場所に重視するポイント

順位	重視するポイント	投票数	割合
1位	ワークライフバランス	380	63.2%
2位	サービスや商品の将来性	328	54.6%
3位	サービスや商品が好きか	271	45.1%
4位	女性の育休取得率	191	31.8%
5位	労働環境が良い企業と取引しているか	183	30.4%
6位	募集職種	174	29.0%
7位	社員の勤続年数	174	29.0%
8位	若手社員がどれくらい活躍しているか	172	28.6%
9位	サービスや商品の環境などへの配慮	140	23.3%
10位	OJTなど教育制度の充実	126	21.0%

出典：SoZo株式会社【Z世代】SDGs シューカツ解体白書(n=601)より抜粋

という言葉が新語・流行語大賞を受賞し、労働の過酷な搾取に対する社会的な批判が集まるようになりました。その影響もあり、近年では**ワークライフバランスへの関心も高まっています（図４）**。

▼将来へ不安を抱え、成長性を求める

Ｚ世代は、不安定な時代を生きてきたからこそ、**将来への不安を常に抱えています**。自然災害の脅威や、支援が得られない可能性など、予測不可能な状況が彼らの意識に深く刻み込まれています。そんな状況を目の当たりにしてきた彼らは、自分の身は自分で守るという意識が人一倍強いように見受けられます。

しばしば、若者は理想主義であると語られますが、彼らにとっては理想を叶えることが、自分の身を守る一手なのではと思うことがあります。現実主義だからこそ、理想を叶えることを願ってやまない、そんな性質があるのではないでしょうか。

これは、キャリアに対する高い意識につながっているとも言えます。**不安を感じるがゆ**

えに、自立への欲求、成長の機会を求め、自己実現や安定を強く望んでいます。その ため「この会社では成長できない」と思ったらすぐに辞めていくのです。

下の図表（図５）は、リクルートワークス研究所が２０２２年３月に実施した調査において、大手企業の入社１～３年目社員（大卒以上）に「現在働いている会社・組織で今後どれくらい働き続けたいか」を聞いた設問です。

結果、今の組織を「ゆるいと感じる」社員のうち、57・２％が「すぐにでも退職したい」、もしくは「２・３年は働き続けたい」

図5　会社を「ゆるい」と感じている若手社員の勤続意識が低い

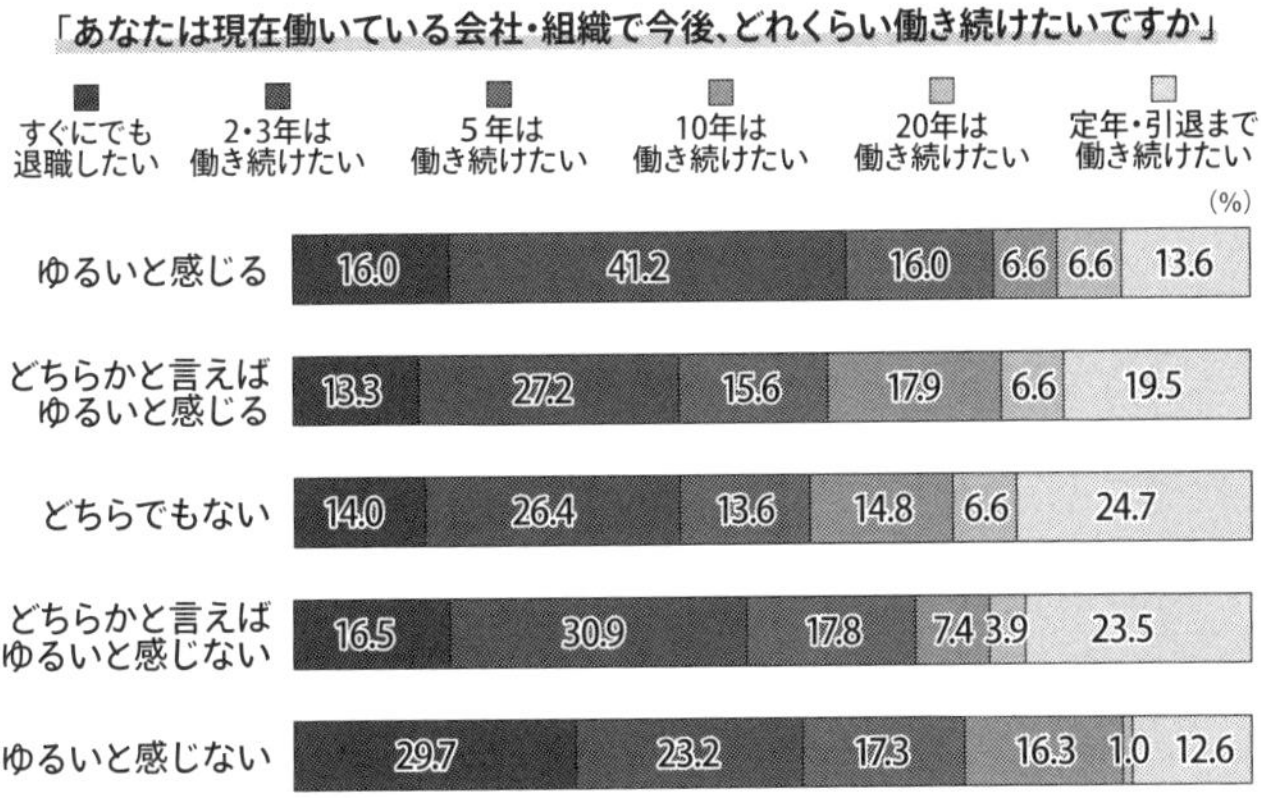

出典：リクルートワークス研究所,2022,「大手企業における若手育成状況検証調査」サンプルサイズ2985

を選んでいます。上司世代の方は、職場が「ゆるい」のであれば、ストレスもなく、自分がやりたいようにできて、心身ともに健康で安泰なのではないかと思ってしまいます。しかし、働きやすさを追求した結果がこれ、という実情が見えてきています。

2021年、20社程度の大手企業の新入社員に、仕事についてのインタビューを実施した記事では、多くの新入社員が次のように言っています。

「社会人ってこんなものなんですね」
「思った以上に余力があります」

つまり、今の職場に「不満」があるから、辞めていくわけではないのです。
自己成長、自己実現を求めているがゆえに、それを達成できないような組織だと思うと、このままでよいのか、「不安」になる、だから、辞める選択をしてしまう、そんな現実があるようです。

▼自分の理想のキャリアを積み上げる

Ｚ世代は、義務教育時代からキャリア教育を受けてきています。これまでの世代よりも仕事と人生について考える機会が多いため、**理想の働き方や将来なりたい自分像を明確に持っている**可能性も高いといえます。

小学生の頃には職場見学や働く大人へのインタビュー、中学生では職場体験、高校生や大学生でインターンシップや起業を経験している人も少なくありません。新卒で入社前に「既に社会人としての経験を有している」という層が厚いのも特徴です。

さらに、インターネットでも多様な働き方、キャリアを積む大人を見てきました。その環境の中で、**自分の理想のキャリアに向かって歩みたい、**と思っています。

ですから、第１章でも触れたように、転職してキャリアを積み上げるのが当然の世界なのです。

会社に求める条件編

▼安定性

Z世代は社会的に不安定な時代を生きてきたことから、**企業選択についてはやや保守的**（図6）です。経済的な安定性を重視し、確実な収入が見込める職種や企業を選好する傾向があります。これは、不確実な未来に備え、安定した経済基盤を築きたいという願望から来ていると推察できます。

また、複数の調査結果で、Z世代が収入

図6　企業選択のポイント

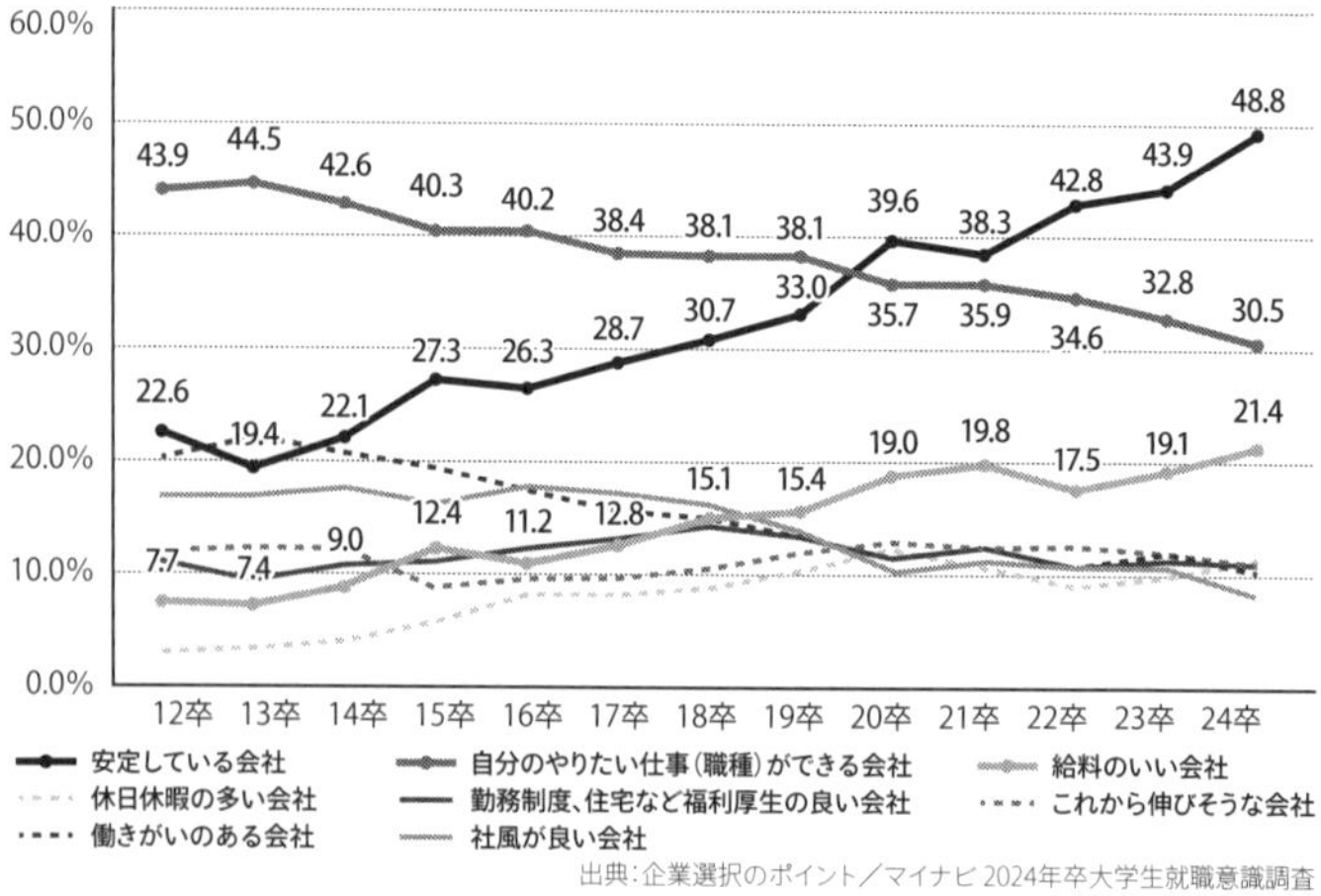

出典：企業選択のポイント／マイナビ 2024年卒大学生就職意識調査

増加に強い意欲を持っていることが明らかになっています。特に、新型コロナウイルス感染症の流行が世界中で社会経済的な影響を及ぼしたことにより、２０２０年卒の大学生は給与条件を求める傾向が強まり1位になりました。彼らの中で経済的な安全への願望は以前にも増して高まっているようです。**収入が上がらない・上がる未来が見込めないことは会社を辞める大きな理由**の一つです。

▼社会貢献できる会社である

一方で、**自分のやりたい仕事ができることも企業選択の重要な基準**となっています。

令和2年版『子供・若者白書』では、社会貢献に関する質問を見ると、「自分の職業を通じて社会の役に立ちたい」と答えた人の割合が25・４％に上り、最も多くなっています。彼らが**やりたいこととは、社会貢献ができる仕事**のようです。

Ｚ世代は、**ＳＤＧｓや環境問題などが身近に存在**してきました。仕事を通じた社会課題への貢献意欲も高い傾向にあります。

環境破壊や人種差別などの社会問題に対しても強い関心を抱いています。アメリカで2020年に再燃した「Black Lives Matter」のような社会運動は、SNSで多くの著名人が取り上げ、Z世代の共感を得ました。

環境活動家であるグレタ・トゥーンベリさんも、2003年生まれでZ世代の一人です。彼女が地球温暖化の危機に対して行った公の発言や活動は、世界中の多くのZ世代から支持を集めました。このように国内外問わず、**環境問題や貧困、社会の不条理に対して何らかのアクションを起こしている人が多い**のが特徴と言えそうです。

仕事のやり方編

▼効率的に仕事をする

Z世代部下はコストパフォーマンスならぬ、**「タイムパフォーマンス」**を意識しています。

費用対効果を重視するのが「コスパ」だとすると、時間対効果を重視するのが「タイパ」です。

Z世代は仕事のうえで双方を意識しています。SNSやインターネットが提供する膨大な情報から、**自分にとって有益な情報を選択することに、限られた時間を費やす**のが当たり前だからです。

ですから、仕事のやり方は「手っ取り早く教えてほしい」のです。この発言にやきもきしている上司も多いようですが、ゲームの攻略方法を仲間とシェアするように、仕事のやり方についても、「知っている人がいたら共有しよう、有益な情報は広めよう」という感覚です。彼らにとって、聞けばわかる情報を長時間掛けて試行錯誤するのは時間の無駄です。

「限られた時間でより多く」「手間をかけずに観た（経験した）状態になりたい」という欲求は、サブスクの普及や動画のショート化にも影響していると言われています。

一方で、興味のある情報はどんどん取り込む、逆に興味のない情報にはまったく目を届かせない、知ってることはとても良く知っているが、知らないことはまったく知らないといった、**関心の有り無しによる情報の偏り**も特徴です。

▼合理的に仕事をする

タイムパフォーマンスと近い考え方ですが、Z世代は、**時間以外の面でも非常に合理的**です。答えを求めればインターネット検索で簡単に見つかる時代です。自分にとって本当に必要な情報を最速で取得し、最速で最適化するために合理性が高くなっているのです。

彼らにとっては、仕事の成果も大切です。仕事を通じて価値を生み出し、自分自身の成長や社会への貢献を感じる活動に使うのが正しいと思っています。

また、プライベート重視でもあるため、仕事は定時で終わらせるのが理想です。

彼らにとって、**「意味のない仕事」は単に時間の無駄遣いとみなされるだけでなく、成長する機会を奪うものと思われることもあるようです。**例えば、実際に誰も見ない日報の作成や、有給休暇を取るために複数の部署を回るような手続きは、効率が悪くて嫌だなと思っている部下は多いという話もよく聞きます。

▼情報は経験である

デジタルネイティブである彼らは、動画などを通して学ぶことにも慣れており、**SNSで誰かがノウハウとして公開している情報を「自分の経験」に落とし込むことが得意**です。

上司世代の皆さんからすれば、実際の経験とは濃さが違う、意味がないと思われるかもしれません。しかし彼らが置かれているのは、コロナ時代です。仕事においては圧倒的な実体験不足です。むしろ、実体験をしたくてもできない状況にあったと想像してみてください。

入社してからずっと情報からしか物事を判断できなかった、もはやそれがＺ世代の当たり前なのかもしれません。

▼自ら裁量を持って仕事をする

Ｚ世代は自ら裁量を持って働くことを好みます。

こう言うと、「手っ取り早く教えてほしい」という発言と矛盾するように思うかもしれませんが、そういうわけではありません。**上司世代の皆さん、ここを勘違いして「Z世代は苦労を嫌う」と一概に結論付けてしまう**ようです。

「手っ取り早く教えてほしい」という発言は、「苦労を嫌う」ではなく「正解」を求めるものではないでしょうか。

上司世代は「正解」を手探りで手繰り寄せる試行錯誤に価値を見出してきました。

一方で、**Z世代にとって正解には価値がありません。**検索すれば誰でも手にすることのできる情報だからです。言い換えれば、正解して当たり前ということです。逆に正解がないことは不安なのです。どうしていいかわからなくなってしまいます。

しかし、その正解を知ったうえで応用するための試行錯誤は比較的得意なようです。

例えば、「とりあえず自分で考えて資料作って」という指示を、「いくつか資料サンプルを渡すからそれを参考にして提案資料を作って」という指示に変えるだけで、Z世代からのリアクションは変わるでしょう。

「まずは企画を自分で考えて」ではなく「過去の数値レポートを参考に、新しい企画を考えて」と言い換えても同じような効果がありそうです。

こういう傾向があるということを知っているだけで、対応の幅は広がります。部下が「分からない」という感覚も薄れてくるでしょう。

反対に１から１００まですべてを指示される状況は、**上司が完全に自分の意図した通りに仕事を進めさせたいと考えていると受け取られる**ため、自身の意思や創造性を尊重されていないと思います。部下の成熟度などを考慮しながらこのあたりのさじ加減を考えてみてください。

コミュニケーション編

▼自分を肯定してくれる世界が存在する

　ＳＮＳの広がりは、人々のコミュニケーションの仕方に大きな変化をもたらしました。バーチャルなつながりが一般化し、**現実世界での肯定や理解を求める必要性が低くなっています**。現実社会で自身を肯定してくれる人がいなくても、ＳＮＳ上で自分を理解してくれる人がいればそれでいいと考えるようです。

　かつては、人々はテレビなどから得た情報を共有することで、仲間内での帰属意識を強化していました。

　ところが、ＳＮＳを通じた趣味のつながりが生まれた現在では、わざわざ現実社会の知人に自分を理解してもらわなくてもよいと考えるようになりました。

ニッチな嗜好や人に言いづらい趣味を持つ人々も、同じ興味を共有するコミュニティをオンラインで簡単に見つけることができます。ですから、**現実社会の人に配慮して趣味を我慢したり、無理して興味のない趣味に付き合ったりする必要性もなくなりました。**

自分の興味にまい進しても、誰かと共有して承認欲求が満たせるようになったことが、プライベートを重視したいという考えにもつながっているようです。

▼目的を意識したコミュニティ形成

ＳＮＳは、コミュニティ形成の方法にも変化を与えました。

以前は会社や学校など、自分が所属する「場所」が存在し、そこに加入していくのがコミュニティの作られ方でした。

一方で、新しいアプローチでは**「目的意識」をベースにコミュニティが生まれてきます。**「オンラインゲームを一緒にやる」とか「投票で一位を目指す」とか、同じ目的を持った者同士がＳＮＳで集まり、交流を深めるようになっています。ビジネスで言う、経営者会のイメージに近いかもしれません。参加するかどうかは、そのコミュニティが自分にとって有益かどうかで判断されています。

さらに、このようなコミュニティは明確な目的があり、その**目的が達成されると関係は自然と消滅する**傾向にあるため、その消費期限の短さも特徴に挙がります。若者にとってはこのくらいの線引きの方が気が楽であり、また、愛着を感じやすいのかもしれません。

ですから、「組織への帰属意識ありき」で結成されている「会社」という存在に対しては、こだわりがありません。職場の人とわざわざ休日に時間を共にしたくないというのも、この考えから来ているように思います。「会社は家族」という価値観はZ世代部下にとって違和感満載なのもうなづけます。

▼フラットな関係性

Z世代は、従来の上下関係を基にした社会構造を嫌います。SNSを通じて、年齢、国籍、文化などが異なる様々な人と交流することが日常化しているため、**横の関係性を重視し、**

伝統的な上下関係には抵抗を感じる傾向にあります。

昔は、上司が絶対の時代でした。上司が「白だ」と言えば黒も白になった時代です。上司世代が新入社員だった頃は、とにかく我慢して上司の言うことに合わせて耐えるしかありませんでした。

しかし、Z世代は違います。

SNSではどんなに影響力の強い人が「右だ！」と言ったとしても、事実として間違っていることは「間違っている」と指摘されます。このような環境の中で成長したZ世代は、**情報をフラットな視点で判断する能力に長けており、**「会社の命令には従うべき」という根拠のない言葉には納得できません。彼らは公平性を重んじ、理不尽なルールや形式にとらわれた評価制度に対して反発を感じることがあります。

つまり、Z世代にとって上司は単に「偉い人」ではないのです。もちろん「社内的に大きな裁量権を持つ人」ではありますが、**「裁量権を持っているから正しい」ではない**のです。

上司世代の方も、もちろん頭ではご理解いただいていると思いますが、もはや概念として刷り込まれてしまっています。
意識的に振り返り、ぜひアンラーニングしていただきたいと思います。

Z世代も二層化している

一方で、気になるデータも存在します。図7はリクルートワークス研究所が実施した、若手社員の職業生活志向のデータです。

例えば、「【A】現在の会社で長く勤めたいか」「【B】魅力的な会社があれば転職したいか」と尋ねると、賛否について52：48の割合で分かれます。安定を求めているようで、魅力的であれば転職したいと考える人が半分います。また、「【A】会社でいろいろな仕事をしたいか」「【B】会社で専門分野を作りたいか」と聞くと、56：44とこちらも概ね半分ずつの回答となっています。

偏りがあるのは、「【A】仕事をメインに生活したいか」「【B】プライベートを大事に生活したいか」に関する質問くらいです。

このように、労働・仕事に関する考え方について、半々の割合で回答が分かれる現象が起きていることから推察するに、**そもそも「主流派」の概念が曖昧になっている、もしくは存在しない**ことがうかがえます。

この主流派が存在しない多様化が進んでいるという状況が、Ｚ世代部下のリアルなのかもしれません。

したがって、一部の部下の振る舞いを見て「最近の若者は」と一括りにすることは、

図7　大手若手社員の職業生活志向

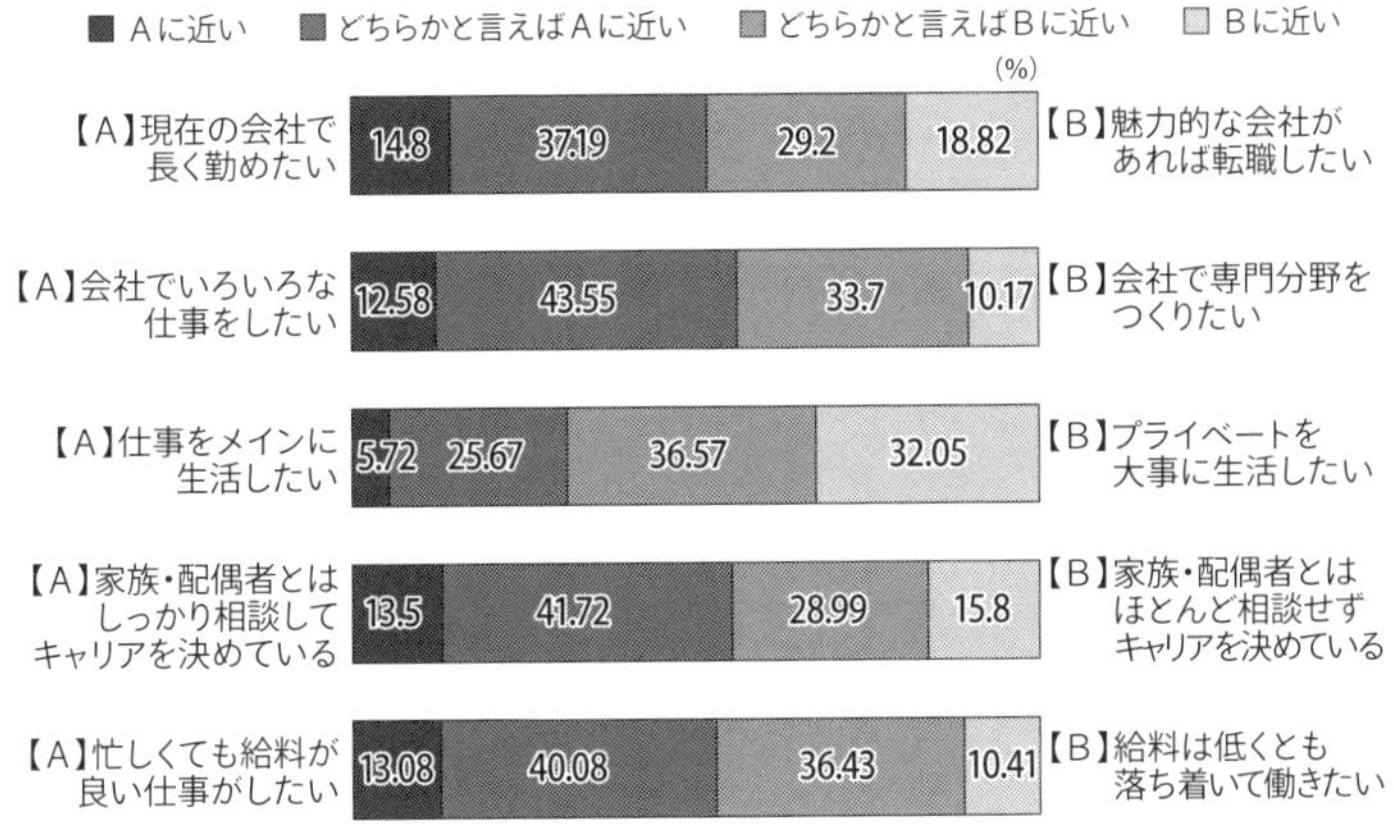

出典：リクルートワークス研究所『大手企業における若手育成状況調査報告書 2022』キャリアの志向性

その多様性を認識せず、嫌われることにつながると言えるでしょう。

嫌われない上司になるためには、この**多様性を理解し受け入れることが不可欠**です。部下の立場や視点を一旦は尊重してみるのです。逆に、部下の意見に耳を傾けず、自分の考えを押し付けるばかりでは、Z世代部下に嫌われてしまいます。

この背景を踏まえて、第3章では、嫌われる上司の典型的な行動やその特徴について掘り下げます。具体的なエピソードでご紹介しますので、日頃の自分自身の行動に当てはまっていないか、確認してみてください。

第3章

Z世代に嫌われる上司のタイプ

Z世代と上司世代のすれ違いはこうして起こる

第2章ではZ世代の特徴を深く掘り下げ、彼らがどのように情報を処理し、コミュニケーションを行い、価値観を形成していくのかを詳しく分析しました。彼らの仕事のやり方や社会との関わり方、どのような見方を持っているのか、少し理解は深まったのではないかと思います。

あらためて見てみると、上司世代とZ世代が育ってきた環境や接してきた情報の差は大きいです。二者間に価値観の違いがあるのは当然のこととして、お互いを理解することの重要性は増すばかりです。

しかしながらこの理解があっても、実際の職場でそれをどのように活用するかは、また別の問題。理論だけでは、具体的な場面での対応策を見出すことは難しいかもしれません。

そこで、第3章では、「嫌われてしまったエピソード」を通して、Z世代にとってどのような上司が嫌われやすいのかを探っていきます。これらのエピソードは私が管理職に就いていらっしゃる上司の方々と面談して実際に見聞きしてきた事例を基にしています。

また、上司世代がZ世代の特性を受け入れ、彼らとの関係を強化するためのノウハウ、職場での世代間の誤解を避けるための具体的なコミュニケーション技術や、建設的なフィードバックの方法もお伝えできればと思います。

タイプ１　自分の成功体験を妄信している上司

自分の成功体験を、**無意識のうちに妄信してしまっている**上司の方、結構いらっしゃいます。彼らは、得てして優秀だと言われて昇進してきた上司です。その確かな成功体験とノウハウは評価されるべきですが、一方で、そのせいでZ世代の部下と摩擦が生じてしまったようです。Y課長とZ君のエピソードを見ながら考えてみましょう。

＝エピソード＝　リース会社営業部のZ君（3年目）とY課長（40代）の場合

Z君　：課長、自分、今月のノルマが未達なので営業の提案に使う資料について相談に乗っていただきたいのですが…。

Y課長：おう、いいよ。どんな内容？

Z君　：はい、現状のノルマ状況も考えて安価な顧客交渉に陥らないために、付加価値を考えたいと思っています。

Y課長：そうか、頑張ってるね。先方はなんて言ってるの？

Z君　：顧客先の部長はとにかく1円でも安くしろの一点張りで…。でも毎度、価格を下げていては収益が下がってしまうので、納得してもらえるプランを…。

Y課長：Z君、顧客は安くしろって言ってるんだよね？で、今、ノルマも未達成なんだよね？

それなら、今はとにかく1円でも安くして、顧客に買ってもらうことが優先でしょ。まずは実績作らなきゃ。

相手の要求きかずにこっちの提案押すのはダメダメ。とにかく売って。

殊勝な提案書は、その後。

Ｚ君　……わかりました。

Ｚ君は、結局その月のノルマを達成できなかったようです。

事情を聴くと「ノルマがあるからって、安くしても本末転倒だと思ったので安くしませんでした。」とのこと。

Ｙ課長のアドバイスは、まったくもって響いていなかったようです。

▼そのアドバイス、部下のほしい答えになっていますか？

さて、なぜZ君にはY課長のアドバイスが響かなかったのでしょうか？

その要因を探るためにも、一度、彼の心の中を覗いてみましょう。

＝Z君の心の中＝

やっぱりY課長に相談した自分が間違っていた！

顧客の言う通りに、って、それっていつまで通用するのかな。いつまでもいつまでも「安く売る」では、ジリ貧じゃないか。

それに、競合と価格でしか争えないうちの会社、今後大丈夫なのかな。

だからこそ「高く売る」ためにできることを一緒に考えてもらいたかったのに…。

こう見ると、**Ｚ君が相談に乗ってもらいたかったことと、Ｙ課長のアドバイスの内容がズレている**ことに気付きますね。

Ｙ課長はＹ課長で、Ｚ君に「ノルマを達成してほしい」「顧客との関係の築き方を学んでほしい」と思い、自分が過去にうまくいった事例に沿いながら良かれと思ってアドバイスをしています。

しかし、部下の求める答えと、上司の答えがまったくズレています。部下はそのアドバイスに素直に耳を傾けることはできません。Ｚ君の場合は、自分なりに感じていた会社の課題点も踏まえて、解決策を考えたからこそ、それに理解を示さない上司の言葉を素直に聞き入れられなかったようです。

▼成功体験妄信型の特徴

このタイプの上司は、**過去の成功体験に強く固執する**傾向があります。その経験がすべての状況において適応可能だと信じているので、**自身の成功経験に基づいて部下にアドバイス**をします。

このアドバイスが決して悪いわけではありません。問題なのは過去の事例を一律に語るだけでZ君の話に耳を貸さないことです。アドバイスは部下のためを思ってというのは百も承知ですが、成功から生まれる傲慢があることも知っておくべきです。

今回で言えば「とにかく顧客の言う通りに安くしろ。そうすれば次の道がみつかるはず」になっています。しかし、今日のビジネス環境下、このアドバイスのみでは不十分です。必ずしも最適ではありません。

成功体験妄信型は、自分の成功体験に絶対の自信を持っているので、新しいアイデアやアプローチに対して抵抗を示します。ですから、**部下の新たな視点を否定してしまう**のです。

▼話を聞かない上司は"嫌われる"

さて、上司の皆さんに振り返っていただきたいのですが、Z君の提案は、果たして、不必要なものだったでしょうか。Z君は確かに未熟です。ですので、自分の言いたいことばかりを要求します。そんな彼に対してY課長は、「結局、今回も成績は悪い」「言ってることだけは一人前だな」「理想は理想、まず、売上を上げることを考えろ」と思っているのです。

もう一度聞きます。彼の意見は「不必要」でしたか？

確かに目の前の「ノルマ」という視点から見れば、すこし浮足立った意見であるように見えます。管理職からすれば、会社を支えるための「売り上げノルマ」を重視するのは当たり前のことです。

でも、見方を変えれば、彼の姿勢は、「薄利多売」の営業から抜け出すため、次のビジネスモデルを考えようとしている「あるべきスタンス」とは言えないでしょうか。価格で競う慣習から離れ、収益性の高い構造を作ろうとしている、提案書の中には、競争力を高める視点が隠れているかもしれなかったのです。

しかし、Y課長には耳を傾けてすらもらえませんでした。

Z世代部下の話を聞くと、このように**自分の意見を聞いてすらもらえなかった**、という経験を持っている人が多いようです。

意見を言えば「それ、本当にできるの？」「失敗したらどうするの？」と返され出鼻をくじかれる。こういうことが続くと**「言っても無駄」の状態に陥ります。**

上司の発言の背景には、リスクヘッジがあります。失敗すれば責任を取るのは上司ですし、チームの評価も下がりかねませんので、慎重になるのは当然のことです。

しかし、問題なのは、「相手がまだまだ未熟だから」を理由に、**Z世代部下の意見に耳を傾けすらしない**、長期的な展望を検討せずに切り捨ててしまうことなのです。

▼話を聞くための水平展開

部下は時に生意気で未熟かもしれませんが、「宝の原石」であることがあります。上司からすれば、若者が息巻いているように見えるかもしれません。ですが、組織にとっては競合を出し抜く一歩になる可能性だってあります。

そのためには、**水平展開**を考えることが重要です（※図8）。水平展開とは、上司が部下や後輩の新しい取り組みをサポートすることを指します。

日本の組織ではトップダウンでの指示がメインで成長してきましたが、考え方が多様化している今、**水平展開をベースに、ボトムアップも取り入れていく**のです。

Ｚ世代は、確かに上司世代に比べたら至らないところが多いでしょう。しかし、**多様な考え方を持つことは、強み**でもあります。上司と部下、異なる強みを持つ人同士が相互補完することで、より大きな価値を発揮するような組織が理想です。その意味でも、上司には意識の高い部下のことを「夢ばかりが大きくて実態が伴っていない」と一刀両断する前に、彼らの視座の高さや社会貢献欲をどうやって組織で活かすかを考える必要があると言えそうです。

図8　水平展開

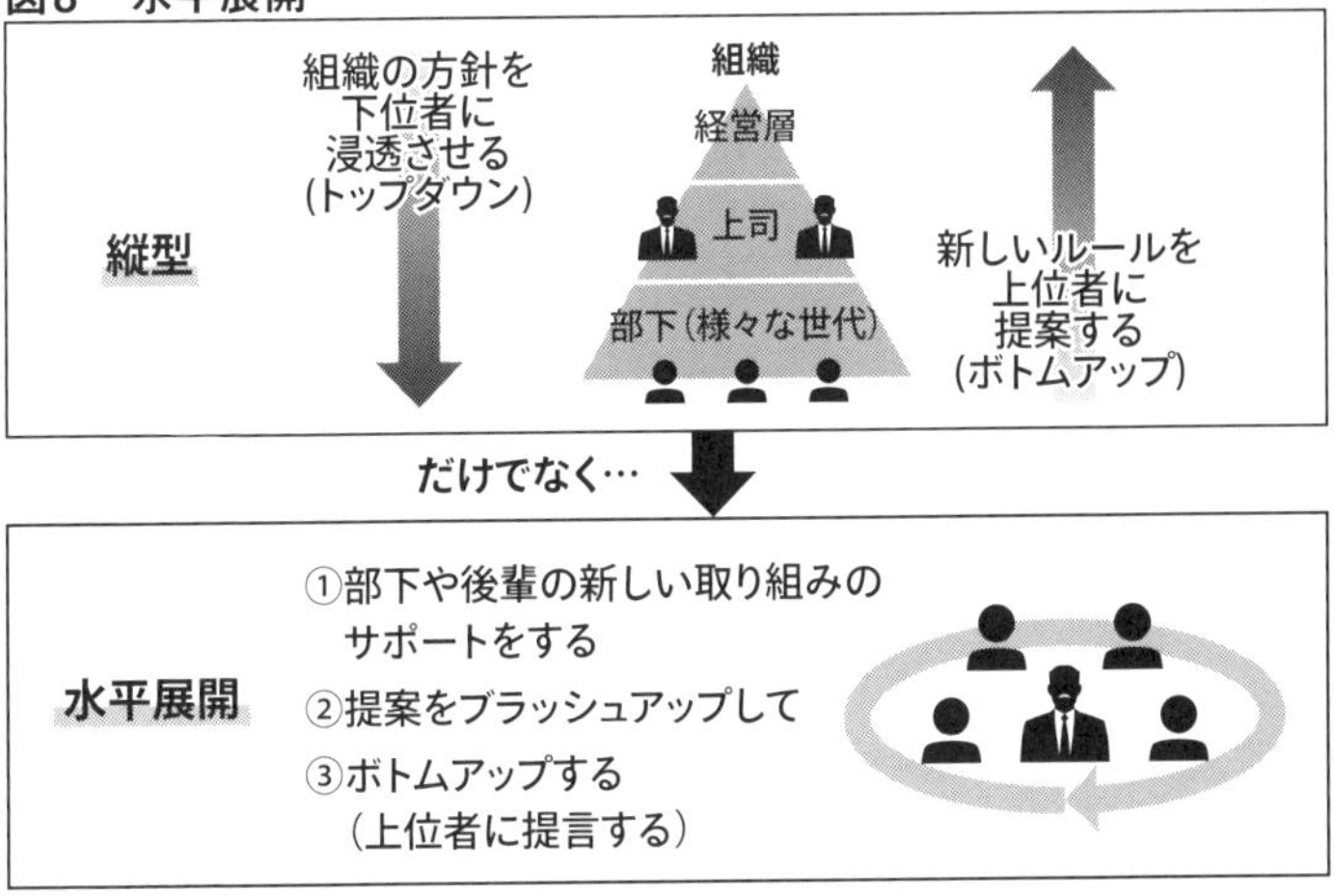

「業界のことを憂えてこその言葉だったんだよね、私の方こそ、短慮だった、申し訳ない」と一旦、彼の言い分に理解を示してみてはいかがでしょうか。

部下の意見は、最初は拙いものかもしれませんが、ブラッシュアップしてみて、事業性の高い施策に仕上がればシメたものです。もうすでに、「話を聞く、聞かない」とかそんなレベルの話ではないはずです。

タイプ２　自分の価値観を押し付けてくる上司

このタイプの上司は、前述の自分の成功体験を妄信している上司と非常に近いタイプです。タイプ1が「聞き入れない上司」だとしたら、タイプ2は**「自分と同じ行動を部下がすることを求める上司」**です。

ここでも部下との摩擦を生んでいるようです。

＝エピソード＝　製薬会社の営業部Mさん（5年目）とX部長（50代）の場合

X部長：Mさん、ちょっといいかね。
Mさん：はい、部長。なんでしょう。
X部長：君は営業をすべてオンラインで完結させているそうだね。

Mさん：そうですが、それが何か。ノルマはきちんと毎月達成していますし、先月はそのおかげで多数の新規顧客を獲得できて成績もトップだったはずです。

X部長：いや、すべてを否定するつもりはないんだが、せっかく取った新規でも、競合に取られたりしていると聞いてね。もう少し顧客の元に足を運んでみてはどうかね。せっかく取った新規顧客なんだから、継続しないと。会食やゴルフでも行って、顧客と密なコミュニケーションを取ることが次の案件獲得につながるはずだよ。相手も人間なんだから「あの人に頼もう」って思ってもらえる関係を築くのが重要だよ。僕もそうやってこの地位まで来たんだから。

君には期待してるから、よろしくね。

Mさん：はぁ…。わかりました。

Mさんは複雑な表情を浮かべ、さっさと会話を切り上げたいと言わんばかりに「わかりました」とだけ。結局、引き続きオンラインで営業活動をしているようです。

▼そのアドバイス、本当に必要ですか？

Mさんの複雑な表情の裏側。なんとなく想像がつくのではないでしょうか。
このエピソードは、Z世代と上司世代のすれ違いで、よく見かけるパターンです。
早速、Mさんの心の中を覗いてみましょう。

＝Mさんの心の中＝
出た！おじさん特有の「会いに行け」論法！
対面が増えると感謝度が上がるって何？感謝度はどのくらい仕事につながるわけ？
オンラインの営業は自分にとても合っていて、数も多くこなすことができるからノルマ自体はきちんと達成している。

確かに、せっかく取った新規顧客の継続率が悪いことは課題だと思う。私が担当した既存顧客も、一部商品を競合他社に切り替えたりしていて、部長がそれを不満に思っているのもわかる。でも、そもそも顧客のニーズが変わったり、商品が競合の方が良かったりするから仕方ないじゃん。

顧客が求めてるならまだしも、会いに行く、一緒に飲みに行けば解決すると思ってるところが古くて嫌なんだよ。


こう見ると、Mさんは X 部長の指摘に一部は合意しているようです。しかし、その課題に対する解決策が「会いに行け」の一辺倒なのが納得いかないようです。自分がオンラインできちんと実績を出しているがゆえ、合わないスタイルを強要されることに反感を覚えています。

Ｘ部長は、Ｍさんの高い能力を評価したうえで、さらに成績を上げてほしいと期待して、良かれと思ってアドバイスをしているのかもしれません。

でも、このやり取りが続けば、嫌いな上司リストに入ってしまうでしょう。

▼自分の価値観押し付け型の特徴

このタイプの上司は、**自分の信念や価値観が「正しい」と強く信じており、他人も同じように行動するべき**だと考えています。

上司は、**部下のことを無意識に「経験が浅い」「未熟だ」と思い込んでいる**ものです。「自分のほうが優れている」「自分が指導する」立場にあると思っています。相手が20歳も年下のＺ世代に対しては、なおさらです。

確かに「指導する立場」であることは間違いないのですが、**指導とは自分にとっての「正しい」を押し付けることではありません。**その時々の条件や、状況、部下の意見も踏まえて「何が正しいか」を判断すべきであり、軸が「自分」だけになってはいけないということです。自分のコピーを増やすことが「育成」ではないはずです。

今回の例で言えばX部長が「時間・手間ひまをかけることで得られる信頼」と「その重要性」を、Mさんにも伝えようとしています。しかし、Mさんは「感謝度」が仕事の受注につながるという考え方自体に懐疑的です。

Mさんは顧客が継続しない原因を、状況の違いやそもそもの製品の差が原因だと考えています。論点がそもそも異なるので、X部長のアドバイスが通じないのも当然でしょう。

▼結果とプロセスは分けて考える

この場合、結果とプロセスは切り分けて考えることが重要です。

X部長の求める結果は、次の通りです。

①関係性を強化させたい
②数字を挙げさせたい

そして部長もMさんも既にそのレベルに「達している」という感覚を持っているようです。

一方で部長は「もっともっと、関係性を強化できるのではないか（もっと好かれてほしい）」「もっともっと数字が上がるのではないか（もっと必死に頑張ってほしい）」「もっとできることがあるはずだ」と思っています。

ここでの上司は、部下の仕事の「結果」ではなく、「プロセス」に不満を持っています。望んでいるのは、「もっと、関係性を強化する」「もっと、数字を上げる」の「もっと」の部分。「もっと」を実現するために、プロセスに力を入れてほしいと思っているのです。

そのためのアクションとして、例えば、「会食は行く」「ゴルフする」という発言につながっているのです。

「結果出てるからいいでしょ」の部下と、「もっとプロセス丁寧にしてよ」の上司では、話が噛み合うはずがありません。

余談ですが、そのプロセスの取り方自体に部下が反発を覚える可能性も十分ありますので、その必要性はしっかりと二者間で検討し議論するようにしてください。

▼時間を掛けることは「善」か「悪」か

経済学では「労働価値説」という考え方があります。商品の価値はその生産に必要な労働の量によって決まるという考え方です。要するに「人が手を加えると、モノに価値が生まれる」という考え方です。アダム・スミスもマルクスも、このロジックを提唱しています。

「機械で作った」ものより「手作り」の方が良さそうに感じるのと同じです。

日本人はこの「時間を掛けること」を美徳とする文化が長く続いてきました。そして、その価値観は仕事にも持ち込まれています。

「メール」より「電話」、「電話」より「直接会って話す」

「10枚の資料」よりも「50枚の資料」

「AIが考えた」より「人間が考えた」

これが良しとされていました。

昭和の時代は、時間を掛けることが「善」とされることが多かったように思います。テクノロジーやコミュニケーション手段が限られており、課題に対するソリューションも限られていました。それゆえ、時間を掛けて築き上げた「関係の深さ」が、仕事の受注にかかわる重要な要素となることが多かったからでしょう。

では、令和の時代、時間を掛けることは「悪」か？

確かに、労働時間の問題やデジタルツールの発展により、仕事では効率化が叫ばれていますが、決してそんなことはありません。人同士のやり取りですから時間を掛けて得られる信頼はまだまだ存在します。

ここでお伝えしたいのは、時間を掛けることが「善」か「悪」かではなく、**「理に適った成すべき苦労」なのかどうかをしっかりと見極めることが大切**ということです。自分の要求している苦労が「今、本当に必要かどうか」を問いただす視点を持つことです。

もし今回のＸ部長の指導が、「労働価値説」からきた「指導」であれば、一旦見直す必要があります。しかし、「あの人に頼もう」という信頼を置いてもらうための努力は必要です。その手段として、「時間を掛けること」が、「理に適った成すべきアクションなのか？」を見極める、そういう話し合いにもっていくことが大切だと考えます。

▼Z世代は、苦労を嫌うのか？

「苦労を嫌うなんて、Z世代は甘えすぎだ」「苦労をすることこそが仕事だ」とおっしゃるがいらっしゃいます。

さて、本当にZ世代は苦労を嫌がっているでしょうか？

Mさんの心の中の最後で「顧客が求めているならまだしも」と言っています。

もし、取引先の社長が「飲みに行ってくれる人が好きだから、その人に発注を一番出す」と宣言していたとしたら…。Mさんも、飲みに行く可能性はあるのではないでしょうか。

このように、Z世代は**一概に「苦労」や「時間を掛けること」を嫌っているわけではない**のです。ここで時間を掛けること、ここで苦労することが、**将来の何かにつながっている**と認識することができれば、苦労をすべきと考えます。他にも、独自性のある技能、技量の向上につながるのであれば積極的に苦労すべきと考えるようです。

・効率的にはどうか？
・この顧客を獲得するのに掛けるべき労力か？
・将来的にどのくらいのスケールの顧客になるか？
・顧客が重要視している要素は何か？
・他に顧客の信頼を獲得するために取れる手段はあるか？

など、多面的な視点から「今、この場合に必要な苦労かどうか？」「適切な時間の掛け方かどうか？」を、部下と話し合ってみてください。

少し面倒ですが、ここまで紐解かないと、お互いの考えていることの接点を見出すことはできないでしょう。

話し合うときは、次の視点が有効です。

時　間　短期／中期／長期の三つの視点で考えます。
成功要因　成果を出せるポイントや成功要因も共有します。
競合対策　このまま勝ち続けることができるのか、強化すべき点はないのか、もっと売り上げを伸ばすためにはどうしたらいいのかを考えます。

立場	社員の立場で考えるとどうか、部門長の立場で考えるとどうか、経営者の立場で考えるとどうかなど、視座を上げていきます。

これら目線を変えて話し合いながら、それでも、ゴルフが必要であればしかり、食事が必要であればそのような行動を促すようにしてみてください。

たとえ結果が伴わなくても、各々のアクションが「決して理不尽ではない」、「将来の実になる」と考えることができるのであればそれを推奨してみましょう。

一方で、上司の**「若い頃の苦労は買ってでもすべき」論には、やや反抗的**です。「なんでもかんでも苦労すればいいってもんじゃない。上司の経験の中にも、しなくてよかった苦労があると思う。その中から学ぶことがある、というのは無駄な時間だと思う。精神論で押し切ろうとしすぎ」とのことです。

別の例で言えば、「残業している時間が長い人ほど頑張っている」という評価も、「苦労を美徳」とする考え方です。本来であれば業務時間内に、きっちり自分の仕事を終わらせている人が評価されるべきです。そのうえで残業して更なる仕事に取り組んでいる人がいれば、それは素晴らしいことです。

しかし、いつの間にか「残業している人」という形式的な判断基準のみが残ってしまっている場合があります。これに気付かないまま、残業している人を「頑張っている」と評価し続けると、嫌われる上司になってしまいます。

そして、もっと嫌なのは「苦労自慢話」です。なぜなら、上司の話は「苦労をした」という事実だけで、**それがどうやって自分の中で「技」とか「資源」になっているか、という話ではない**からです。その効果や効力を併せて話してくれればよいのですが、「苦労した事実」のみを押して、それと同じ行動を要求されるのが嫌なのです。

「自分は苦労をして成長してきたんだ！」と、苦労の素晴らしさを語ってばかりでは、聞いても意味がありません。

ゴルフに行って、大きな契約が取れたのであれば、「良かったですね」。膨大な資料を持っていったら、新規の顧客を紹介してくれたのであれば、「良かったですね」。その事実は、それ以上でもそれ以下でもありません。

しかし、上司は飲み会でそれを自分の武勇伝のように、何度も何度も、繰り返し話します。Z世代にとって「飲み会」はそういう場になってしまっているのです。だから、嫌がられるのです。

要は、その「事象」だけでなく、「事象とその後の解釈（こういう経験があったから今こういう風に役立っているんだよという解釈）」を説明してくれればよいのです。「事象」を押し付けているだけでは、嫌われる上司まっしぐらです。

タイプ３　業績至上主義上司

ビジネスや経済活動において「利益を追求すること」は、最優先課題となります。企業や投資家などが経済的な成果を得るために行う行動や意思決定の基盤ともいえるでしょう。利益を生み出し続ける事業を作らない限り、社員は守れません。しかし、その考え方がＺ世代部下に理解されず、ぶつかり合うことも多いようです。

＝エピソード＝　楽器販売店のR君（1年目）とS店長（40代）の場合

R君　：店長、次回の販促企画ですが、イベントを提案したいと思っています。

S店長：Z君、以前やったイベント、利益でなかったよね。なんでまた同じことやろうとするの？

R君　：新しいサービスや企画で、もっと顧客の夢を叶えるような価値を提供したいと思っています。今、楽器を買う人、少なくなってますよね。何とかしたいと思って。

S店長：でも、今期業績厳しいって言ったよね。新しい取り組みをしようとする姿勢は素晴らしいけど、ボランティアじゃないんだからさ。理想ばっかりじゃ、今後の社会人人生、やっていけないよ。

R君　：…。（ふと、退職を考えてしまう）

▼一方的な要求になっていませんか？

R君は、複雑な表情を浮かべたまま業務に戻っていきましたが、その後もなんだかやる気がなさそうでした。

早速、R君の心の中を覗いてみましょう。

＝Ｒ君の心の中＝

また、店長に怒られてしまった。利益利益って、うるさい。

今までのやり方ではもう生き残っていけないと思っているから、「新しい方法」を提案しているんだ。

いつまでも昭和の押し売りみたいな売り方にしがみついていてはいけないと思う。業界全体がその傾向にあるのはわかってるけど、そうやって買った楽器でお客さんは喜ぶんだろうか。

なんだか、数字だけのために働いているような気がして、気が滅入るんだよね。この前のお客さんだって、「買いたくない」って顔していた。そういう嫌がっている人に、店長ったら「是非、買ってください」って、よく言うよ。図々しいよね。いつも、数字・数字って、人間捨ててる感じだよ。

だから、イベントを考えて前向きに商品を手に取ってくれる人に販売するっていう方法を考えたんだ。みんなに喜んでほしい、世の中に貢献しているっていう実感がほしいんだ。何ごともトライアンドエラーが必要だよ。多少の失敗は許してほしいよ。

なのに、店長は二言目には「利益」「ノルマ達成」だ。いつも反対ばかりで、頑張るだけ無駄な気がしてきた。

今後の社会人人生、業界や会社の未来も見据えられない、この人に心配されたくない。


R君は二言目には「利益」と数字至上主義な店長に嫌気がさしているようです。

一方で、S店長は今期の業績が思わしくないことを懸念しています。さらに良かれと思ってR君には1年目のうちに利益感覚を身に付けてほしいと思っているようです。

しかし、その考えはまったくR君に伝わっていません。むしろ、いつも反対ばかりしてくる嫌な上司だと思われてしまっているようです。

この二人のすれ違いは、**ゴール設定の違い**から生まれています。

▼業績至上主義型の特徴

このタイプの上司は、**組織やビジネスの利益を最優先**に考えています。利益を出すことが「絶対的なゴール」なのです。この考え方は、管理職の責任の一環として重要ですが、理想主義的な傾向のあるＺ世代の部下との間で衝突を引き起こすことがあります。

第２章でも述べた通り、Ｚ世代は、社会貢献や意義ある仕事を重視する傾向がありますが、このタイプの上司はそうした価値観に対して理解が乏しい傾向にあります。特に、現場を担っている管理職の方は、「社会貢献や意義は経営企画が考えること」「現場業務とはまったく別物」と切り分けて捉えていらっしゃる方が多いように思います。このような価値観の違いは、Ｚ世代のモチベーションや職場での満足度を低下させる原因となります。

また、**若者が提案することに抵抗があるようです**。販売につながる新しい取り組みの必要性については理解しているものの、それが伴うリスクを嫌い、確実に利益が見込めないものに関しては消極的です。特に、未熟に見えるＺ世代の部下の提案に対しては、否定的な見方をします。結果的に、前例を踏襲した選択をすることが多いです。

高圧的な態度は、部下とのコミュニケーションを阻害し、職場の雰囲気やチームの協力関係に悪影響を与えることもあるでしょう。

この問題を解決するためには、部下の提案やアイデアに対してオープンな態度を取るように心がけてください。

もちろん、闇雲にオープンになる必要はありませんが、R君のマインドは認めたうえで、新しい取り組みに対するリスクを示し、多角的な面から検討する癖を付けさせることも重要です。

▼新たな挑戦に前向きに

S店長のように「業績志向の上司」は、組織やチームの業績や成果を重視し、その達成に焦点を当てていきます。部下に対しては、目標達成や生産性の向上を強要します。

企業で働く上で、数字のプレッシャーは付きものなので当然です。

しかし、時代は絶え間なく変化し、顧客の課題も多様になっています。それに伴い、価値を提供する側も、新しい価値観や考え方で新たな挑戦や機会を作っていかなければなりません。理想主義と言われる若者には、いわゆる「パーパス」（組織がどこに向かっているか）について話し合ってみてもいいのではないでしょうか。

パーパスは次の三つの視点から考えるのが有効です。

①今の自分の仕事がどんな意味を持つか
②会社の目的を「自分事」として考える
③戦略を、個人の必要な仕事レベルまで落とし込む

そして、せっかくの機会ですので、このタイミングで上司世代の皆さんも「変わること」への耐性を高めておきましょう。

変化が起こると不安が生じます。これは、新しい状況への適応や未知の状態への不確実性に対する自然な反応です。

マネジメントにおいて、この不確実性をどこまで許容できるか、**自分の中に軸を持っておくことが重要です**。

不確実な時代、結果に「絶対」はありません。「安定」と真逆の心理状態を強いられているわけですから、「本当にできるのか」「また無駄なことをやって」「ほら失敗してしまった」と部下を問い詰めたくなるのも良くわかります。

でも目先の利益を追うばかりでは、この先、生き残っていけないという部下の意見ももっともだと思いませんか?

「自分は利益ばかりに走りすぎていないか?」と振り返るのが今必要な一手です。

部下の提案を前向きに検討する姿勢を見せるのです。その検討の過程の中で、収益検証や、プランの改善点を洗い出し、議論をしてみてください。一度、割り切ってトライしてみるのもおすすめです。

▼仕事を通して社会貢献するという考え方について

今の若者は、社会貢献意識を持ちながら、それを発揮する場を持っていません。Ｒ君も、何とか「顧客に、喜んでもらいたい」「誰かの役に立ちたい」とぼんやり考えていますが、どうしたらいいか、どうすればうまくいくのかがつかめず、疲弊しているようです。

最近、若者の「社会貢献欲求の疲れ」という言葉も耳に入ってきます。**ＳＮＳなどで、同年代が活躍しているのを見ると、不安になるようです。**

さて、昨今は、企業のＣＳＲ活動の一環として、従業員自身が社会活動に従事するようなケースが増えています。そうした活動も、社会貢献欲求を満たす一助になりそうです。

ただし、**そういうＮＰＯとかＣＳＲという「アリモノ」ではなく、「彼らが今担当している目の前の仕事」から、社会を見つめ直す**ことはできないでしょうか。社会貢献意識を、目の前の仕事で発揮する場を作っていく、そういうふうに上司が部下を動機付けできると良いなと思います。

些細なことでもかまいませんので、事業化の背景や社会環境を語り、今日に至るまで脈々と続いている業務・仕事の目的、意義を語り、みんなが、仕事を通して社会とつながっていることをしっかりと自覚してもらえるような対話を、もっともっと増やしていくことが、必要ではないかと考えます。

そういう話し合いができるようになれば、彼も変わってくるはずです。冒頭の「イベントする・しない」、「辞める・辞めない」の狭いレベルの話には留まっていないはずです。

タイプ4　丸投げなのに上司

丸投げなのにタイプは、「最初は」仕事を部下に任せるのに、「後から」事細かに指示出ししてくる上司のことを指します。

このタイプの厄介なところは、**自分が嫌われる対応をしている自覚がない**ところです。

管理職の経験が少なかったり、管理の在り方を指摘されたりすることがない人が陥りがちなパターンです。

＝エピソード＝　広告代理店のAさん（5年目）とB課長（50代）

B課長：Aさん、新規クライアントの2000万円のプロジェクトの報告書、作っておいてもらえる？

再来週、報告があるからそれまでに作っておいてよ。

Aさん：わかりました。

私、新規初めてで、何か指定や注意すべき点はありますか？

B課長：あー、任せるよ。とりあえず、いい感じにお願い。Aさんなら大丈夫だよね。

「とりあえず、いい感じってどういうこと？」と思いながらも、特に指示もなかったので、Aさんは社内のフォーマットに沿って資料を作成しました。報告会の1週間前、B課長に資料を見せに行きました。

Aさん：B課長、来週の報告会の資料ができたので確認していただけますか？

B課長：あー、ありがとう。（じっと資料を見る）

うーん、あのさ、新規なんだよね。今回のプロジェクトの規模も鑑みて、もうちょっと工夫してよ。Ａさん、５年目だよね？

ここかとかさ、市場データ入れた方がよくない？あと、ここも結論の書き方が微妙だよね。もっと次につながるような言い回しにしてよ。

Ａさん：あー…。はい。わかりました。修正します。


数日後、Ａさんからこの新規クライアントの担当を外れたいという連絡がありました。

▼思い通りにならないことを不満に思っていませんか？

「ちょっと注意しただけでへそを曲げるなんて」と思われるかもしれませんが、実際の現場ではよく見かける光景です。それだけ、無意識に陥りやすいのです。

一応、Aさんの心の中も覗いておきましょう。

＝Aさんの心の中＝

任せるって言ったのに全然任せてない！

それに私、課長から指示もらったときに何か押さえるポイントはあるか確認したよね？なんで最初に確認したときに言わないわけ？

丸投げするなら後からぐちぐち口出ししないでほしい。結局自分が思う形のものを部下に作らせたいだけじゃん。

5年目だからわかるだろくらいの態度なのもむかつく。気づかなかった自分にも落ち度はあるけど、新規クライアント担当するの初めてなんだから、事前にフォローしてほしかった。最初にやった作業、半分くらい無駄になってしまった。

そもそも、そんなにこだわりがあるなら自分でやったらいいのに。

Aさんは、任せると言った割に自分の思い通りにしたいB課長にご立腹です。

一方で、B課長はAさんに期待して任せたにもかかわらず、期待したレベルのものが上がってこなかったことにがっかりしています。それゆえ、細かな指導に走ってしまいました。

部下に対して「そんなことまで教えないとわからないの？」とおっしゃる上司の方、よくいらっしゃいます。いわゆる「察しろ」の状態です。

ですが、**「自分の求めていること」を部下に伝えていないのにもかかわらず、勝手に期待し、期待した通りにならなかったら叱るのはまったくのお門違い**です。

▼レベル感を揃える

まずやることとは、**仕事の仕上がりのレベル感を揃える**ことです。そうすることで「察しろ」の状態に陥らずに済みます。

今回の問題の場合、Aさんにとっては「いつも通りの報告資料ができていること」で良しとしていました。

一方で、B課長は「次の仕事につながるような、クライアントが満足できる報告書ができていること」を求めていました。

必要なのは、**チームや会社として「どのレベルまで仕上げていくか」**をすり合わせることです。レベル感は上司が決めても良いでしょう。当たり前ですが、会社の経営やチームマネジメントに対してより広い視野を持ったうえでの判断だからです。

ここで、「次につながる報告書を考えるのが当たり前だろ」「そこを察して」と思ってしまうのは嫌われる上司の考え方です。**部下からしたら上司の考える重要度（アウトプットのレベル）の当てっこゲームになってしまうからです。**

▼指摘の意図を伝える

もし部下が、こちらの期待通りの動きを見せなかった場合は、指摘をするとき、意図を伝えてください。その背景にどんな意図があるかがわかれば、次回資料を作成するときに、その視点を反映するようになるでしょう。

例えば、「市場全体の売上データを追加して」という指示ではなく、「クライアントに今の市場でのポジションを明確に示したいから、市場全体の売上データを追加して」という言葉を加えるのです。

部下は「市場でのポジションが明確でなかったのか」とクライアントの問題を認識し、次回以降、似たような課題を感じた案件に関しては、自主的に市場データを追加するでしょう。

もちろん、一回の指導で次回以降対応できる部下もいれば、何度か言わないと応用ができない部下もいると思います。

そこは部下の能力やタイプに合わせて根気よく指導するようにしましょう

部下を信頼して、仕事を任せることは決して悪いことではありません。任されれば自分で考えざるを得ませんので、部下自身の成長にもつながります。

ただ、「丸投げ」にはなっていけませんし、「後から口出しする面倒な上司」にもなってはいけません。

必要なのは、「口出し」ではなく、目的達成のための「プロセスのアドバイス」です。「報告書の作成」ではなく、「これを通じて、何を手に入れるか」をすり合わせ、その際「フォーマット仕様」が適切なのか、「どの資料を使用するといいのか」、それを「自分で考えてごらん」と振ることです。決して「丸投げ」ではないのです。

▼部下の成熟度を考える

その他、部下の成熟度も考慮に入れましょう。成熟度の高い部下、そうではない部下などで、指示のレベルを変えていきます。

ポイントは部下にとって「少し難しい」水準の仕事を与え、頑張ればできるという達成感を味わわせてあげることです。

乗り越えたら、次はもう少し上のレベルの仕事を課しましょう。これをするためには、本当に部下の能力を見極めていなければなりません。常日頃から相手を「観察すること」が求められます。

そして、少しずつ階段を上がっていく感覚が分かると、部下はやりがいを感じます。そうなれば、「この人の近くにいれば自分は成長できる」と部下はあなたのことを慕ってくれるはずです。

タイプ5　黙ってとにかくやれ上司

Z世代の部下に「何でこんなことをしなきゃいけないんですか」とか「何の意味があるんですか」と言われたことはありませんか。煩わしく思ってつい、「とにかくつべこべ言わずにやってくれ」と言ってしまうあなた、部下から疎まれているかもしれません。

＝エピソード＝　リース会社営業部のZ君（3年目）とY課長（40代）の場合

Y課長：Z君、先週の日報、全然出していないみたいだけど…。

Z君　：あぁ…。日報、書く意味ありますか？あれ、誰も見てないですよね？

Y課長：でも会社の決まりだから。皆やってるんだからやろうよ。

Ｚ君　：誰も見ていない日報を書く時間があるなら早く帰りたいんですけど。
Ｙ課長：それも仕事なんだよ！生意気言ってないで、いいからやって！

Ｙ課長は、生意気なＺ君の態度についカチンときてしまい、強めの態度に出てしまいました。後日、Ｙ課長は上司から、「あんまり度が過ぎるとパワハラになるから…」と諫められてしまいました。

▼その仕事、本当に必要ですか？

「その仕事、意味あるんですか」

この発言に「ギクッ」とする上司の方も多いようです。

このエピソードについては覗くまでもないかもしれませんが、Z君の心の中を詳しく見てみましょう。

＝Z君の心の中＝

課長はみんなやってるから日報ちゃんと書けっていうけど、それ誰も見てないんですよ。だらだらと書いてるけど、「今日は何時にどこに営業に行った」とか、「○○の案件が取れた」とかその日あった出来事をまとめてるだけだし。有益な情報無し、参考になる情報も無し、本当に無駄。

その時間があるならみんなもっと営業に出かけるとか、提案資料をブラッシュアップするとか、もっともっと時間を有益に使えるんじゃないの。

しかも、日報終わってないとかで残業してる人いるよね。さっさと帰ればいいのに。

こういうZ世代の主張に対して、上司世代は、「今までやってきたことだから」「つべこべ言わずにやれ」とヒートアップしてしまうようです。

昭和の猪突猛進時代、「それが必要なのか？」ということを、逐一「考えない」で前に突き進んできました。例えば、「この資料は不要だから破棄してくれる？」と言われれば、「何でですか」と聞いてはいけない、「はい、破棄します」で終わり。破棄する方法は考えても、理由は考えない、そんな時代でした。

上司世代の中には「仕事の必要性」なんて考えたこともなかったという方、いらっしゃいます。考えたことがないのですから、聞かれても答えられません。部下に「それって必要ですか？」と言われてカチンと来てしまうのも仕方ないでしょう。

でも課長、その仕事、本当に必要ですか？

日報、見てないんですよね？

こういった習慣にはテコ入れが必要なタイミングになっているのかもしれません。

▼変化のできない上司は嫌われる

「今までやってきたこと」が、時代の変化と共に、すたれていくことはよくある話です。

一般的に「古いやり方にしがみついている」という心理状態は、**「自分が正しいと思い込んでいる頑なさ（寛容性の乏しさ）」**あるいは、**「なんとなく、正しくないことには、気づいているけど、今までやってきたことだし、変えることで生ずる煩わしさを避けたいという気持ち」**のどれかに端を発するのでしょう。

しかし、業績至上主義上司の項（93ページ）でも述べたように、変化を避けているばかりでは、嫌われる上司に一直線です。

変化を避ける上司と変化を肯定する上司は、それぞれ次のような特徴があります。

変化を避ける上司＝「違い」を否定するタイプ

・トップダウンの組織に多く、自分の考えを正しいと考えています。ゆえに新しい意見を理解できません。

・自分が正しいと思ったことを部下に訂正されるのを嫌います。頭ごなしに否定して自分の価値観を押し付けます。

・イエスマンになる人ばかりを周りに固め、異なる意見の人を排除していきます。

変化を肯定する＝「違い」を尊重するタイプ

・自分の意見や考えを持っていますが、異なる意見も受け入れつつ、お互い意見をすり合わせて新しい常識を共有していくことができます。

・自分の知らない新しいことに対しては、もう少し詳しく聞かせてくれと言います。

・相手に嫌な気持ちをさせることなく意見をしっかりと聞き出します。

・自分が古い常識を持ったままだと判断したら、相手の意見を聞いて新しい常識を取り入れます。常に「アンラーニング」しているのです。

上司の皆さん、頭の中では、**変化を肯定する＝「違い」を尊重すること**が大切なのはわかっています。先ほどの例で言えば、日報が不要なことにも、うすうす気付いているでしょう。

しかし、自分より「立場の低い部下」に、矛盾を指摘されるのは、プライドが許さない、図星であればなおさらです。

だからこそ、「いや、そうじゃなくて、今までやってきたことだから」「今まで、それでうまくいってるんだから」という話ばかりで、**「過去のやり方はこうだった」以上の論理がないのです**。ひたすら平行線の話が続きます。

最終的には部下がしぶしぶ上司の言うことに従うというのが、いつものパターンではないでしょうか。

▼まずは目的から考える

さて、ここで一つ質問です。

部下が「じゃ、日報書きます。でも、営業に費やせる時間が減るので、その分、数字は下がってもいいですか？」ときたら、どうでしょう。

カチン！ときますよね。揚げ足取りです。屁理屈です。とにかく、「数字は下げるな、日報も書け、言う通りにしろ」となってしまう気持ちもわかります。

ですが、感情的になったら負けです。感情的になると、「頭でわかっている」けど、「実際にはできない」状態に陥ります。

これでは一生嫌われる上司のままです。

まずは冷静になりましょう。冷静に、その業務の必要性と目的について検討するのです。

さて、ここでは引き続き「日報」を例に挙げて考えます。そもそも日報の目的を考えると、「情報共有」ですから、必要な仕事です。

ではなぜZ君もY課長も「不要なのでは？」という考えがよぎるのでしょうか。

理由は三つ。①日報を書いているにもかかわらずまったく活用されていない。②書いている情報が参考にならない。③書くのに時間がかかり本来業務に支障が生じているからです。

ここでは分かりやすいので「日報」を事例として提示していますが、**いかなるタスクであっても、その「要・不要」や「優先順位」を論じるときは、目的・メリットを考える必要性があります。**

日報の場合、目的は、情報共有です。

上司にとっては、部下の状況を把握して育成に役立てたり、業界動向を分析して営業戦略に役立てたりすることができます。

一方、部下にとっては上司への報告や、顧客情報の収集などに役立ちます。

次はメリットや必要性を考えてみましょう。日報の例であれば、「有益なもの」とするためには、「記載すべき情報をリスト化する」、活用頻度を高めるためには、「リスト化された情報をアップデートする」、本来業務に支障を来さないようにするためには、「書式を簡略化する」などが考えられます。

物事は、**表面的に見えている現象だけで判断すると危険**です。**一面的な視点での判断も危険**です。「役に立っていないという表面的」な、あるいは、「今までやってきたという一面的」なモノの見方で物事を「全部」否定したり、「全部」肯定してしまうのが一番の問題といえるでしょう。

もし部下に耳の痛い指摘をされたとき、その指摘にキレるのではなく、「確かにそうだよね、活用されていない業務に時間を掛けさせてしまうのは無駄だよね、君の言っていること、よくわかるよ」と言い分に耳を傾けましょう。

部下の問題提起に真摯に耳を傾け、その解決方法を一緒に考えてくれるのが嫌われない上司です。

タイプ6　理不尽上司

上司が現場でプレイヤーとして仕事をしていた時代は、顧客や上司の理不尽な判断にも耐えてきました。むしろそれが仕事と言っても過言ではありませんでした。

気晴らしに飲みに行って「明日からまた頑張ろう！」で解決していましたが、今はそういうわけにはいきません。

＝エピソード＝　広告代理店のAさん（5年目）とB課長（50代）

B課長：Aさん、申し訳ないけど、先方の予算見直しでプロジェクトが白紙になったから。

Aさん：え…。急に提案してほしいと言われて、徹夜同然で資料を作ったやつですよね。

Ｂ課長：先方の決定だから仕方ないよ。昔からこういうことはよくあるし、これに耐えてこそ一人前の社会人だよ。

Ｂ課長は、申し訳ないなと思いつつ、会社事情だから仕方ないと考えています。しかし、予想以上に部下の反感を買ってしまって、驚いています。

▼なかったことにしてはいけない

Ｂ課長も、多少なりとも理不尽を感じているようですが、仕方ない、と諦めムードです。「今時の若者は耐え性がなさすぎる」とすら思っていそうですよね。

一方で、Ａさんの心境も見てみましょう。

＝Aさんの心の中＝

ほぼ徹夜で頑張って提案したのに。

お客さんだからって「すべてが許される」わけではないでしょ。上の人たちはいつも「客の決定だから」で済まそうとするけど、それで納得すると思ってるの？

実際に作業して時間を費やしてるのはこっちなんですけど。

せめて稼働した分の費用をもらうとか、代わりに別の案件をもらうように交渉するとかないわけ？

課長は、顧客のわがままを通して、やりたいようにやらせることでしか顧客をつないでいられないいんだろうな。

部下を守る気なんて全然なくて、自分の身と立場を守ることでいっぱいいっぱいな情けない上司だな。

仕事なんてそういうもん、と思っていたB課長ですが、部下からは想像以上にシビアに見られていました。「理不尽さに耐えることも仕事のうち、自分たちもそうやって成長してきた」とおっしゃる上司の方は多いですが、**不安定な指導や管理の下で強いられる理不尽さに、部下は疲弊してしまいます。**

今回の不満は、実際に案件に対応すべく動いていた部下の**犠牲度が高かったこと**にありそうです。休日労働、深夜残業と、激務が続いたりすると、この不満は比例して大きくなります。

Aさんは「苦労がゼロリセットされてしまったという喪失感」と「仕事とはそういうものだ、で済むと思っている上司への怒り」を感じています。

上司は、この「喪失感」「不満・怒り」を見過ごしてはいけません。

「まあわかるんだけど」というプチ理解レベルを示しても、部下の気持ちは収まらないでしょう。当然ながら、「仕事とはそういうものだ」と言って、今回の怒りや不満・悲しみを「なかったこと」にしてもいけません。

生まれたときからインターネットが普及していた「ネオ・デジタルネイティブ」と呼ばれるZ世代は合理的です。常に、仕事を映像やデータで解析し、科学的に分析しています。こういうタイプの若者に**「自分たちもこういう理不尽さに耐えてきた」という根性物語を引き合いに出しても、意味がない**でしょう。「だから君たちも頑張れ」という精神論にすり替えても、空振りになりそうです。

▼言語化して理解を示す

ここでは、犠牲になった部下の気持ちに寄り添って考えることが肝要です。

対策は、部下が不満を感じている部分をしっかりと言語化し、自分もそれを理解していると示すことです。

今回の事例で言えば、Aさんの不満は「自分の犠牲度が高かったこと」です。そこを言語化すると次のようになります。

「Aさん、急な案件で、時間を掛けてもらったにもかかわらず、申し訳なかった。」

「Aさん」という個人が「時間を掛けて対応した」ということを明確にするだけで、いくらか気持ちが収まるはずです。労いの言葉でもかまいませんし、掛けてきた時間・労力等、心身的な不満に対する言葉でもかまいません。

先のエピソードでも、一応B課長は「申し訳ないけど」と発言していますが、何に対して申し訳ないと思っているのかが明確でないのと、案件の前置き的な発言になっていることで、部下にはその申し訳ないと思う気持ちが伝わっていません。

大切なのは、**その状況を上司が理解しているというのを示すこと**です。

一つ注意してほしいポイントは、「有給でも取ってよ」や「今度ごはんをご馳走するから」というような、**代わりのご褒美を引き合いに出さない**ことです。

些細な違いですが、そのような引き合いを出してしまうと、今回の件に関して許しを請おうとしている、それでなかったことにしようとする上司、という印象に逆戻りです。

あくまでも、部下の気持ちを受け止めて謝罪するに留めてください。

これを省略して、「仕事とは理不尽なものだ」「精神的に追いつめられてこそ、社会人として一人前」という謎理論を押し付けていては、相手の気持ちは収まりません。

恐ろしいのは、会社ではこういう理不尽に耐えて、生き残った者が「正義（勝者）」になることです。そして耐えられず辞めてしまった者が「悪（敗者）」となることです。

もっと恐ろしいのは、この「勝者が正しい理論」が、続いてしまうことです。今の組織の状況は、それが何代も続いてきた結果なのでしょう。

自分のコピーを作ってはいけません。ぜひ、あなたの世代で断ち切ってください。

▼理由や経緯をきちんと説明する

部下の気持ちを受け取る他に、もう一つやるべきことがあります。

それは、**変更に至った経緯（検討や調査状況、必然性や妥当性）を、部下たちに、しっかり説明する**ことです。物事にはそこに至る経緯があるはずです。クライアントの予算の見直しがあったとか、業績悪化で新規プロジェクトの稼働が難しくなったとか、説明は必ずするようにしましょう。理由もなく、「仕事なんてそんなもん」と言われるよりは、数段良いはずです。

さらに今回のような痛手を被らないためには、ギリギリの人員での任務遂行がいかに大変なのかを理解する姿勢を示したり、話し合いを通じて、「部下を守る」姿勢を見せたりすることも大切です。

立場の弱い人は、立場の強い人を「この人は自分を守ってくれる人かどうか」という視点で見ています。

顧客事情と部下に挟まれ、七転八倒する上司の姿は決してスマートではありません。でも、事態から逃げず、頭を下げることができたらどうでしょう。「この人、全力で自分たちを守ろうとしてくれたんだ」と思うのではないでしょうか。そんな上司の姿を見て、「あの人が言うんだからよほどのことなんだろう」「今回の件は、仕方なかったんだな」と考えてくれるかもしれません。

頭を下げることを厭わずに、説明することを面倒がらずに、信頼関係の礎を築くことを心掛けてください。

タイプ7：臨機応変に対応しろ上司

このタイプの上司は部下に対して「社会人としての状況に合った対応を判断できるようになってほしい」と考えています。いわゆる「ビジネス感覚」を身に付け、いちいち上司が指示しなくても自分で判断して動けるようになってほしいのです。

しかし、実際の現場ではうまくいっていないようです。

＝エピソード＝　リース会社営業部のZ君（3年目）とY課長（40代）の場合

Y課長：Z君、午前中に発生した××商事さんからのクレーム、何で報告しなかったの？

Z君　：え!?メールをお送りしたはずですが…。

Y課長：メールは見たよ。でもこういう時はメールで済ませない方がいいよ。自分には１日に何十通のメールが届くし、見落としてしまう可能性もあるから。それによってお客さんへの連絡が遅れたら、先方にも迷惑がかかるでしょう。

Ｚ君　：でも些細なクレームでしたし…。それにこの前課長、いちいち報告しなくていいっておっしゃってましたよね。

Ｙ課長：その時とは状況が違うから。××商事さんはうちにとって重要なお客さんだよ。緊急で声を掛けるべきだよ。

その方が丁寧だし、後でトラブルに発展しなくて済むと思うよ。

こういうことはさ、想像力を働かせて対応してよ。気遣いも社会人として重要だよ。

▼感覚的な指導をしていませんか？

第三者的に見れば、Ｚ君の対応にも問題があったようにも思いますが、Ｙ課長の発言にも問題があるように感じます。
さて、Z君の心の中を見てみましょう。

＝Z君の心の中＝

きちんと報告しているのに、なんで声を掛けなかっただけで怒られなきゃいけないんだ。

この前、大きなプロジェクトの件でメール送った後、一声掛けたら「いちいち報告してこなくていいよ」って言ったじゃないか。

今回のクレームは重要で、大きなプロジェクトの件は重要じゃなかったってこと？

そもそも、なんでメールを見逃す前提なんだよ。「仕事のメールは丁寧にチェックすること」っていつも自分が言ってるじゃん。僕がメールを見てなかったら絶対怒るのに。

「ビジネス感覚」とは非常に曖昧なものです。
昔は、ビジネス感覚にも「上司」という正解がありました。その正解に向けて試行錯誤を繰り返し、自分自身の感覚を揃えていくものでした。

しかし、第2章でお伝えした通り、Z世代とは、過ごしてきた時代が違います。ですから感覚的な差異が生まれるのは当然です。

そのうえ、会社での立場が違えば情報の受け取り方も異なります。大前提となる「正解」が異なることを忘れないでください。

さらに、コロナ禍という特殊な環境で入社しています。リモートワークの導入など、「ビジネスにおける当たり前」そのものが変化している時代です。先輩同士のやり取りを見た回数も圧倒的に少ないでしょう。

今回の例のようにクレーム一つとってもZ君にとっては取るに足らない情報かもしれません。でも、Y課長にとっては顧客との関係性を左右する重要な情報かもしれないのです。

この後の行動に大きく影響するので、うやむやで終えないでいただきたいところです。

今回の例では、三つの問題点が存在しています。

①過去のY課長自身の言動と矛盾している
②声を掛けることの必要性がZ君に理解されていない
③「重要度」「緊急度」の共通認識ができていない

それぞれの問題点について、詳しく見ていきましょう。

▼気を付けたい、自己正当化と自己矛盾

今回の件で一番に問題として挙げられるのは、Y課長が過去にZ君に「いちいち報告しなくていい」としながら、「なんで報告しなかったの」と怒っていることです。明らかに矛盾しています。

さらに、それをZ君に指摘されたときに「その時とは状況が違う」と、言い訳と取れるような発言をしてしまっています。

人は、誤りや矛盾を指摘されたときに、自己正当化をしてしまいがちです。

自己正当化とは、人間の心理的な防御メカニズムで、自身に対する不安や責任感から逃れるためにやってしまうことです。

さらに、上司ともなれば「部下より優れていなければならない」というプレッシャーも強くなります。それゆえ、**自分の欠点や誤りを認めることが難しくなり、自己保身に走りやすくなってしまいます。**

Ｚ世代に嫌われるのは、**自分の都合が「悪く」なると、自分の都合の「良い」別の論点にすり替える**ところにあります。

そうなると部下は心を閉ざしてしまうでしょう。

考えてほしい、身に付けてほしいといった上司の要望は通りません。自身が話を聞かないのに相手に要求するばかりでは、歩み寄れません。

まずは、自分の誤りを認め、「正しい・正しくない」に固執せず、問題の解決に向かうことが求められます。

とはいえ、上司だって、完全無欠の人間ではありません。その時々や状況で言うことが変わることもあり得るでしょう。何気なく発言していたとしたら、そのすべてを覚えておくことは不可能です。

ですから、まず自身の絡む問題が起こったときには言い訳をせずに、その事実を認めるところから始めましょう。

他にも、上司がデジタルツールを学ばない、というのもよく見る自己正当化のパターンです。

上司は「年だから」と言い訳して、「学ぶ気がない」自分を正当化しているようです。「それは自分の仕事じゃない」と論点をすり替えてしまう上司もいます。

上司は、職責上、年齢的にも、「教えてもらう経験」が少なくなります。だから、物事が上手くいかなくなったとき、立ち往生したときなどは開き直ってしまいがちです。ましてや失敗したとき、その事実を認められなくなってしまうのです。

しかし、自分の誤りを認められず、立場で部下を打ち負かす上司の下では人は育ちません。時には、自分の失敗談を聞かせたり、相談を持ちかけたり、自分は何もかも知っているわけではないという謙虚さを示すのです。人は、自分と同じ不完全さや弱点を持っている相手と心を通わせるものです。

▼行動基準は明確に

さて、自己正当化の問題に気付いたら、次の問題に向かいましょう。

今回の例で言えば、②声を掛けることの必要性がＺ君に理解されていない、③「重要度」「緊急度」の共通認識ができていない点です。

まず、②声を掛けることの必要性についてです。行動の目的を明確にしましょう。「報告」の場合であれば、「重要事案を確実に共有すること」が目的です。

そう考えると、メールをした後に声を掛けることは、必ずしも必要なことではないでしょう。

声を掛けてほしいのはY課長の事情です。Z君に行動を要求する形になります。そういうときは、行動の基準を明確にし、共有することが有効です。

例えば、次のようにルール化してもいいでしょう。

・重要な案件

メール＋口頭で念押しする。

・それ以外（日程調整や業務調整等、簡単なやりとり）

メールのみでOK。チャットツールでもかまわない。

ただし、添付ファイルがある場合は、メールとする。

これだけでも、一声掛ける「要・不要」の境目が見えてくるはずです。**曖昧な基準を明確にすることで、行動の是非が一致します。**

「臨機応変に」では、部下は思い通り動いてくれません。「自分だったらこうやって動く」の「動く」の部分を言葉にしてみてください。

③「重要度」「緊急度」の共通認識ができていないことについても掘り下げましょう。

「重要」や「緊急（急ぎ）」という言葉は、それぞれの感覚によって解釈に差が出ます。

対策として、次の例のように共通の物差しで測れるレベルまで具体化するように注意してください。

【重要】

・大手取引先の○○社の案件はすべて
・○○プロジェクトについてはすべて
・○○さんからの連絡はすべて
・金銭／契約のやり取りに関する内容

【急ぎ】

・クレーム処理に関連する仕事すべて（処理後の報告含め）
・急遽納期に変更が発生した仕事
・突発的なトラブル、予定外の事故が起こってしまった場合基本的に会社の利益や今後の信用にどれくらい影響を及ぼすかが判断基準になります。
ただし、Z世代は入社してまだ間もありません。リモートワークでの指導の難しさから、簡単な枝葉の仕事ばかりを任されていたりすると、取引先の重要度や収益の大きさが把握できていないといったことは十分にあり得ます。

「会社の利益や信用を基準に」と言えば改善する人もいれば、その基準では腑に落ちない人もいるでしょう。確実性を求めるなら、双方のイメージが付きやすいより具体的な基準を設けるのをおすすめします。

このように基準を明確にし、ルール化することで、いわゆる「臨機応変な対応」の誤差がなくなるはずです。

▼部下への意識付けも必要

そして、最も大切なのは、**「緊急度と重要度を意識しながら日々の仕事をこなす」ことを部下に意識させる**ことです。

起きてしまったことに対して、一方的に叱ったりするのではなく、まず「緊急度や重要度について考えたか？」を問いかけましょう。考えたとしたら、どう判断を下したのか、**部下の意見を聞きながら、今回問題となった部分の原因を明確化しましょう**。そして、上司が求めるレベルを言語化して両者の基準をすり合わせていきましょう。

部下は、「そうか、仕事の濃淡って、こうやって付けていくんだな」とぼんやり掴めてくるはずです。勿論例外もありますが、このような**「判断軸を考える習慣」を定着させていくことは、本人の能力開発のためにとても大切なプロセスになっていく**はずです。

こういう1本の軸を固めたうえで初めて、「臨機応変」とか「ケースバイケース」という意味の効果・効力が高まるのです。

今回の問題は、部下とのメールのやりとりから派生したものです。でも、これらの業務をもっと展開させて、上司の知見を伝授する、部下にそういった「モノの見方」「考え方」の勘所を押さえてもらうよう示唆することは可能なはずです。

これが育成です。部下の成長や能力伸長を促すことにつながってきます。

ここまで読んで、「過保護だ」「なぜ自分が」「面倒な世代だ」と思われる方も少なからずいらっしゃるでしょう。ですが、選択肢の多い時代である今、「教えること」を怠れば、結果は自分に返ってくるでしょう。背中を見せるだけで、部下に臨機応変に対応してもらおうという考え方は、都合の良すぎる話だと頭を切り替えましょう。

「これを逸すると致命傷になる」「ここは融通が効く」「このケースはこうするといいだろうな」という仕事の勘所がわかってきた部下に対しては、「これからは杓子定規に考えず、自分の頭で考えて判断してみよう」と言葉を投げかけ、臨機応変の「度合い」を体感させてみましょう。

自分の基準を尊重してくれる上司であるあなたを、部下は「良い上司だ」と評価してくれるようになるでしょう。部下の能力も格段に上がり、あなたが楽になります。

第4章

学んだことがうまくいかない！

学んだことがうまくいかない「上司世代」

第1章にて、Z世代とのコミュニケーションの問題に目を向け、対応しているにもかかわらず、うまくいかない上司の方は、「やり方が間違っている」とお伝えしました。この章では、そんな上司世代が直面しているコミュニケーションの障壁に焦点を当て、その問題点をあぶり出していきたいと思います。

研修や新しい知識・スキルの「取得」は、業務改善につながるはずです。
しかし実際にはその「応用」が困難である場面がしばしば見受けられます。
根本的な問題として、部下の感情や状況を適切に理解し、それに対応することができていないのです。

せっかくの努力が報われず、意味をなさない結果に終わることは、上司にとっても大きなストレスとなります。

本章では、そのうまくいかない原因と、どうしたらうまくいくか、うまくいかせるにはどんな能力が必要か？について傾聴・評価・適応の三つの視点から分析していきます。

上司世代が直面するコミュニケーションの障壁を克服し、Z世代との間で効果的なコミュニケーションを実現するための戦略やスキルについて考えてもらいたいと思います。

【傾聴編】

せっかく話を聞いたのに…

ここでのポイントは「傾聴」です。この「傾聴」の考え方は、もう耳タコ状態かもしれません。当然ながら上司は、Z世代部下とのコミュニケーションにおいて「傾聴」が必要であると理解しているはず。そのため、積極的に部下の声に耳を傾け、その話に真剣に耳を傾けるために時間を確保する努力をしています。

しかし、部下からは「上司は自分の話をまったく聞いてくれない」と言われてしまっているようです。

上司は部下の意見や感情を大切にしようという意識が高いにも関わらず、残念ながら部下にはそれがまったく伝わっていない。そんなシーンを実際の現場でも見かけます。

▼あなたの聞き方、正しいですか？

「傾聴」しているのに「聞いてくれない」と言われる方は、**アクティブリスニングができていない**可能性があります。

アクティブリスニング（Active Listening）とは、コミュニケーション技術の一つで、話を聞く人が話し手の言葉だけでなく、感情や意図を理解し、それに対して共感を示しながら反応することを指します。アクティブリスニングを実践しながら話を聞くと、相手に対して理解し、尊重し、関心を持っていることが伝わりやすくなります。

アクティブリスニングのポイントは、次の通りです。

①とにかく相手の話を聞く…相手の言葉を途中で遮らず、終わるまで待って聞く。
②非言語のサインを見逃さない…言葉だけでなく、話し手の声の調子、表情、身振りなどからも情報を得ることができます。そのサインを見逃さないようにしましょう。

③適切な相槌を打ちながら聞く…相手の言葉を「うなずく」「ああ、なるほど」「それで?」などといった反応を示すことで、聞いていることを伝えます。

④共感を示す…相手の感情を理解し、それに共感することを言葉で表現します。これにより、相手は理解されていると感じ、コミュニケーションが深まります。

▼相槌を省力していませんか?

「気持ちを聴いたこと」を相手にわかってもらえるような言葉を返すことは、自分が思っている以上に大切です。このプロセスが省略されると、相手は「聞いてくれない」と思いやすくなります。相槌・復唱には工夫が必要です。

例えば、「昨日、出張で京都に行ったんですよ」といった場合

①「へえ京都に」(部分復唱)

②「ふーん、行ったんですね~」(語尾復唱)

③「昨日、出張で京都に行ったんですね」(全部復唱)

といった具合です。①~③をうまく使い分けましょう。

▼部下の気持ちに共感していますか？

「聴いてもらった感」を相手に感じてもらうためには、相手の「感情」に共感することが非常に重要です。共感されることによって、**人は「脳に快」を感じ、感謝や安心感を抱く**ようになります。

コミュニケーションにおいては、相手の感情に対して共感することが重要であり、年齢や性別などに関係なく、感情を理解し合うことが大切です。ですから、相手の感情に耳を傾け、共感を示すことが良いコミュニケーションの第一歩になります。

お互いの関係がうまくいっていないなと思ったら、「解決より理解（相手の気持ちに理解を示す＝共感）」を意識しましょう。

解決は上から目線、共感は同じ目線です。

成果主義に慣れてしまった私たちは、すぐに問題を「解決」して「成果を輩出する」ことに意識がいきがちです。

まずは、「状況を聞く」ではなく「気持ちを聴く」に注力しましょう。

例えば、部下が「困っているんです」と強く落ち込んで相談に来たとき、開口一番、どのように返答しますか？

「そうか、何に困っているんだい？」と返したとしたら、それは既に「共感」ではなく、「解決行動」に向かってしまっています。

「聴いてもらった感」を相手に感じてもらうためには、**相手の「感情の状態」を表現してあげる**必要があります。例えば「そうか、辛かったんだね」などです。

結局解決していないじゃないか、と思われるかもしれませんが、気持ちに対する反応があれば部下は「ああ、この人『話せばわかってくれる』上司だな」と思うはずです。

そして、再び何か相談したいなと思ったときに「あの人に、話を聞いてもらおう」と思ってもらえる存在になるはずです。

決して「なぜ、悩んでいるの？」と問い詰めないようにしましょう。

▼解決策は、一番最後に

部下の話を十分聞き終わった、部下が「話を聞いてもらった」という状態を作り出せたらやっと、問題を解決します。「どうすべきか」を考えましょう。

部下の話を聞くときにこの問題解決に走りすぎて、部下の話をきちんと聞けていないというパターンがよくあります。部下の話を聞きながら、解決できそうなポイントはないか？とぐるぐる脳を回転させてしまうのです。

解決策は、一番最後で大丈夫。たとえその解決策で解決しなかったとしても、聞いてくれて、真剣に一緒に考えてくれたという事実が重要だったりします。

たまに、話を聞いて共感して「さあ難しいことは忘れて飲みに行こう」となってしまう上司世代の方がいらっしゃいますが、それはNG。必ず解決策を提示することで結実させるようにしてください。解決策を得ることが、部下の相談の目的だからです。

まとめ

嫌われる上司：共感せず、解決策の提示に走る
嫌われない上司：まずは丁寧に話を聞き、「気持ち」に共感してくれる

共感したのに…

さて、「傾聴」と「共感」のコツはばっちり理解しました、という上司の方でも、うまくいかない場合があります。

そういうときは**「共感」するのではなく、無意識のうちに「同感」してしまっている可能性があります。**つまり、部下の感情や状況にただ同調しているだけで、その背景を深く理解し、感情を共有することができていないのです。

この細かな違いが、コミュニケーションの成果に大きな差をもたらすことがあります。

▼共感と同感の違い

「共感」と「同感」は、どちらも相手の話を聞いたときの「好意的な反応」ですが、この二つはまったく似て非なるものです。ここで、それぞれの定義とその違いをもう一度整理し、具体例を交えて理解を深めてみましょう。

共感は、他人の感情や経験に対して、**自分自身も感情的に共鳴し、その人の気持ちを理解しようとする心理的プロセス**です。他人の喜びや悲しみ、苦しみなどに対して、自分自身が同じような感情を持ち、相手の気持ちを共有しようとすることです。

共感することで、私たちは**相手の気持ちを自分のものとしてではなく、相手のものとして認識**します。これにより、相手は自分が理解され、受け入れられていると感じることができ、心理的な安心感を得ることができます。

共感は、相手の話に耳を傾け、その人の感情や思いを「共有」することですが、その感情を「奪う」ことではありません。

一方で同感とは、他人の考えや意見に対して、**自分自身も同じように考えたり感じたりすること**を指します。同じ意見を持ち、賛成や共有することです。

同感は相手との強い結びつきを感じさせることもありますが、傾聴の文脈では適さない場合があります。

それぞれ、具体的な反応を見て違いを感じてみましょう。

【例】

Z世代の部下が、先輩のことで困っていると相談が来ました。

共感の場合…「そうか、それは大変だな」

同感の場合…「そうだよね、大変だよね、本当、僕もそう思うよ…」

この違い、わかりますか？

共感の場合は、傾聴のために気持ちを受け止めるリアクションです。一方で、ここでの同感は「一緒になって先輩に文句を言う人」になってしまっているのです。

部下は、自分が困っていることを理解してもらい、解決に導いてほしかっただけです。先輩を悪者に仕立て上げたいわけではありません。場合によっては、「言わなきゃよかった」という感情になることもあるようです。

▼同感はＮＧ

話を傾聴するときに必要なのは、「共感」です。共感は「相手の感情を理解する」ことに焦点を当てていますが、同感は「自分の感情を相手に投影する」ことになりがちです。この違いは微妙ですが、傾聴の質に大きな影響を及ぼします。

共感は、部下が感情を安心して表すことができる空間を作り出しますが、**同感の場合は、話の焦点が、部下から上司の経験や感情に移ってしまいます。**

そのため、部下が考えていることや気持ちを聞き出すのが難しくなるのです。そうなると、部下は十分に理解してもらえなかった、話を聞いてもらえなかったと感じやすくなります。

さらに、同感は、上司が自身の経験に基づいて、解決策を提案することにつながりがちです。繰り返しになりますが、それが相手にとって最適な解決策であるとは限りません。

共感は「感情」に対してより重点を置き、同感は「思考や意見」に対してより重点を置くものです。

上司に必要なのは「そう思うよ」ではなく「そうか、そうだったのか」とか「それは、大変だよな」と、部下の気持ちを代弁する、そんな一言です。

まずは、**共感と同感の違いを知ること**、そして、**今、自身が使っているのが、共感なのか、同感なのかを考える**ようにしてください。

まとめ

嫌われる上司：同感する（意見や考え方の一致、「自分の感情を相手に投影する」）
嫌われない上司：共感する（感情的な共鳴や理解、「相手の気持ちを代弁する」）

せっかく意見を促したのに…

傾聴力を付けようと様々な情報を探る中で、よく「相手の意見を聞きましょう」というアドバイスに触れると思います。それを実践しようと「君はどう思うの？」「何でも言ってごらん」と尋ねる上司、いらっしゃいます。

上司なりに、すぐ解決策を言ってはいけないというコツを理解して、部下の要望や気持ちを汲み取ろうとしているのですが、そういうときに限って、部下は口を閉じてしまうようです。

▼キャンセルカルチャーを持つZ世代

さて、部下が口を閉ざしてしまうのには、いくつか理由があるようです。

①不用意に答えて、間違えたくない
②思っていることを言ったのに、それを「やること」を期待されるのが怖い
③本当に考えが思いつかないときに、わかりませんと言ったら怒られそう

背景には、**キャンセルカルチャーという文化**があります。

キャンセルカルチャーとは、**特定の人物や団体が不適切または問題のある行動をしたとみなされた場合に、公の場やメディアでその人物や団体を非難し、社会的に排除しようとする現象**を指します。特にSNSがこの動きを加速させ、普及させている状況です。

これに対する恐れと似たような現象が、社内でも起こっているのです。
頼まれた仕事を失敗したら「すぐ潰されてしまう」「復帰できなくなってしまう」「自分の価値がなくなってしまう」「できない奴だと思われてしまう」といった恐れがあるようです。

問題をさらに複雑にしているのは、部下の意見に対する上司の対応です。**意見の否定や、期待が負担となっている**場合があります。

こうした状況では、上司は自身の行動を見直し、部下の意見を受け入れ、その考えに至った理由を理解しようとする姿勢が求められます。

▼聞き方を工夫しましょう

部下の意見を引き出すには、**オープンクエスチョンとクローズドクエスチョンを織り交ぜて活用する**のが有効です。

オープンクエスチョンは、**相手が自由に意見や考えを述べることができる質問形式**です。

例えば、

「好きな映画のジャンルは？」

「このプロジェクトでの課題は何だと思いますか？」

このように、個人の嗜好や考えに則った自由な回答を求める質問がオープンクエスチョンです。

広範な回答を促すため、**回答者が自分の考えや気持ちを自由に話すことができる**というメリットがありますが、反面、回答者にとって回答を考える負担が大きくなることがデメリットです。何度も何度もオープンクエスチョンが続くと、「どうって言われても」と答える方は疲れてしまいます。間違ったらどうしよう、という思いで、なかなか回答ができない場合もあります。


一方で、クローズドクエスチョンは、**YESかNOで答えられる質問**で、回答者が答えやすい形式です。

先の例に則ると、

「アクション映画は好きですか？」

「事前に十分調査はしたのか？」

といった質問は、クローズドクエスチョンです。

回答しやすいのがメリットですが、一方で、質問を連続して行うと尋問のように感じさせてしまうリスクがあります。

また、回答が誘導につながりやすいため、相手に「自分が話したいことを話せない」「この人は私の話を聞いてくれない」と不信感を抱かれてしまう可能性もあります。

部下に意見を促す際、いきなりオープンクエスチョンで質問を投げかけると、回答がしにくくなる可能性が高くなります。**まずはクローズドクエスチョンから入り、部下が話しやすい環境を作った後で、より詳細な情報を引き出すためにオープンクエスチョンへと移行する**と良いでしょう。

クローズドクエスチョンを一定数行った後にオープンクエスチョンを挟むなど、両者をバランス良く使用するように注意してみましょう。うまく使いこなす自信がなければ、クローズドクエスチョンを〇回したらオープンクエスチョンを挟む、といった基準を決めておいても良いかもしれません。

ただし、自分の意見を積極的に述べられる、述べたい部下なら、いきなりオープンクエスチョンでの問いかけをしてしまった方が、思考がロックされずに自由な意見を聞き出せると思いますので、部下のタイプに合わせて対応を変えてみてください。

▼学んだテクニックにおぼれないように

また、忘れないでいただきたいことは、学んだテクニックにおぼれないことです。

例えば、コーチング。

明らかに是非が分かっていることを質問したり、前提条件が揃っていないのに質問したりと、正しい手法が、正しく使われないことが多いようです。

極端な例ですが、倒れているペットボトルを見て、「どうすればいいと思う？」と聞くことには意味あるでしょうか。無論、ないですよね。正しい手法を正しく発動させるためには、問題の性質を考えなければなりません。

部下のモチベーションを上げようと思って、「君は何をしたい？」「何でも言ってごらん」

と促しても、すぐ答えてくれないときは、まだ「前提条件」が揃っていないのです。それなのに、習ってきたスキルを無理やり使おうとするから歪みが生じるのです。

他社がやっているから、この手法が流行っているからと、色々なものが足りない状態で導入しても、効果は見込めません。

▼人が主体的に動くための二つの要素

部下に主体的に考えてほしいときには、次の二つの要素が必要なことを知っておいてください。

①自分ならやれる気がするという自己効力感
②後押ししてくれる人がいるという被受容感

この二つは、人が主体的に動くために必要な要素と言われています。

①自己効力感

自己効力感は、**自分自身の能力を信じて、成功させることができるという感覚**です。この感覚は、過去の成功体験や上司からの肯定的なフィードバックなどから影響を受けます。

自己効力感が高い人は、難易度の高い課題にも積極的に取り組み、挫折や失敗を乗り越えることができる傾向にあります。

②被受容感

被受容感は、**他者とのつながりを感じたり、サポートを受けたりして抱く安心感**のことです。人は他者との関係性の中で支えられ、理解され、受け入れられることによって、安心感を得ることができます。内発的モチベーションの重要な源泉の一つです。

「どんな事態になっても、どういう結論になっても、僕（上司）は君（部下）を見捨てないよ」という上司の姿勢が必須です。部下にとっては、「誰かが居てくれる」「後ろ盾がある」という信用と信頼が盤石になっている状態です。

この二つの要素があって初めて、「君はどう思う?」という質問が機能するのです。

誰でも、やりたいなと思っても、「できる気がしないとき」があります。「後押しがない」「梯子を外されるかもしれない」という怖さもあります。孤立無援の恐怖は、主体的な行動を阻みます。これをなくして、「どう思う？」「何でも言ってごらん」はＮＧです。

やはり、上司が部下の意見を受け止める姿勢を日頃から見せることが重要なようです。

無意識のうちに相手を否定していないか、そういう態度を取っていないか。

第３章の事例を振り返りながら、あらためて振り返ってみてください。

まとめ

嫌われる上司　：ひたすら「君はどう思うの？」と聞く（だけ）

嫌われない上司：オープンクエスチョンとクローズドクエスチョンを織り交ぜて、考える手助けをしてくれる、意見を否定しない

【評価力編】

せっかく褒めたのに…

褒めるとき、誠意をもって相手を評価することが大切と言われています。部下のポジティブな面や成果を素直に認めることで、モチベーションを高め、信頼関係を築くことができる、と本には書いてありますが、なかなかどうして、現実はうまくいかないようです。

▼とにかく褒めればいいと思っていませんか？

結論から言います。**「とにかく褒めることが大切だ」と思っている上司の方は、今すぐその考えをアンラーニングしてください。**

Ｚ世代は、褒められることは嬉しいものの、みんなの前で大々的に褒められることを良く思わない傾向にあります。

確かに、Ｚ世代は承認欲求が強いかもしれません。

一方で、**「目立ってはいけない」「出る杭になってはいけない」という深層心理も持ち合わせているよう**です。

彼らにとって目立つことは、「叩かれる」リスク因子となります。

ＳＮＳでは、ネガティブに目立つと社会から総攻撃を受けます。その感覚が、仕事やプライベートなどの日常生活にも影響しているのです。

社内で褒められることは「あいつ調子に乗っている」「意識高い系だ」などとネガティブな目立ちにつながるという感覚があり、それに対して恐怖感を持つこともあるようです。

さらに、キャンセルカルチャーがあるとお伝えした通り、「次は失敗できない」心理も働きます。褒められることは時に「圧」につながるのです。

このため、**フィードバックは公開的ではなく、個別かつ直接的にやってほしいと思って**

います。

他にも、自分の実績や仕事ぶりを褒められても、「自分の実力ではない」「周りのおかげで、運が良かっただけ」「次回うまくいくとは限らない」などと、自分を肯定できない場合があります。

自分の力で何かを達成して、周囲から高く評価されても、自分を過小評価してしまう心理状態です。最近はこういった人が増え、**インポスター症候群**と呼ばれることもあります。

褒めるときには、**表面的な褒め言葉ではなく、一人ひとりの努力や成果を具体的に褒めることが重要**です。単に「いいね」を集めることの満足感よりも、自分の行動が認められ、価値あるものとして評価されることに、より大きな喜びを感じるようです。

Z世代とのコミュニケーションでは、単純な褒め言葉を超えた、深層心理への理解が求められます。上司からしたら少々手間がかかりますが、褒めることの価値を認識しつつ、それを個々の状況に合わせて適切に行うことが、良い関係構築につながるでしょう。

▼褒め方を変えてみましょう

一人ひとりに対応するのはわかったけれど、結局どうすればいいんだ、という方のために、具体的にZ世代に喜ばれる褒め方をお伝えします。

ポイントは**ゆるい褒め方**です。ＳＮＳでいう、「いいね」の感覚です。

真正面から盛大に褒められるというより、共感してもらい、その考えをさり気なく認められる方が心地良いようです。

まずは、**褒める強度をゆるめ、褒める場所をみんなの前ではなく、少人数、あるいは二人のときに変えてみましょう。**

他にも、**褒める対象を変える**というやり方があります。

上司の方は、成果を褒める傾向にあります。例えば、売上金額１億５０００万円、新規得意先開拓10件など、わかりやすい数字です。誰が見ても文句の言いようがない事実のため、ここに焦点が当たります。

しかし、この部分を褒められると「目立ってしまう」ので、Z世代はこれを特に嫌うのです。

成果が出るとき、人は次のような流れを辿ります。

①こうしたいと思う【想い・願望】
②想いを叶えるための努力をする【姿勢・プロセス】
③実力を蓄え、アクションを起こす【能力を発揮】
④結果として、成績・数字が上がる【成果・結果】

例えば、③の「能力」を褒めてみてはどうでしょうか。「顧客との交渉」「顧客のニーズを掴み取る洞察」などのスキルを褒めるのです。このあたりは下のことを見ている上司だからこそ、掛けられる言葉・表現があるはずです。部下は自分を見てくれているという満足感を得やすいでしょう。

②の姿勢やプロセスを褒めてもよいかもしれません。今まで辛抱強くよく頑張ったよね、という途中経過やプロセスを褒めるのです。

もちろん、①の想いでもかまいません。「困っている人を助けたいという君の想いが消費者の心に響いたんだね」という感じです。社会貢献欲求を満たす形にしてあげると、さらに喜びは倍増するでしょう。

他にも、次のようなポイントがあります。

- 結果を褒める（人前で褒められることが嬉しいタイプもいます。人柄に応じて使い分ける）
- 客観的に褒める
- 全体を褒める
- 突出点を褒める
- 中身を褒める
- 変化を褒める

このように、褒め方のバリエーションを付けてみましょう。

要は、④の誰にでもわかりやすい成果ではなく、**①〜③の「見えにくい部分」を褒められる方が嬉しい**ということです。これを一つの基準として、褒め方を変えてみてください。

まとめ

嫌われる上司：過剰に、無作為に褒める

嫌われない上司：部下が褒められたいように、褒められたいポイントを褒める

【適応力編】
多様性を促進しようと頑張っているのに…

上司のみなさん、寛容性や多様性が大切なことは理解しています。特に、昨今はZ世代の多様性や海外志向に注目し、ダイバーシティの推進役として活躍を期待する企業が増えているように思います。組織にとって新たな視点や刺激をもたらし、成長につながることを期待しています。

▼「多様性を受け入れる」のは指導をしないことではない

現場では、そんなZ世代の「ラフでフレンドリーな言葉」「場に相応しくない服装をする」など、驚かされることもあります。その問題なのかどうかが微妙な、でも「上司にとって違和感のある」行動について、うまく指導ができず、手を焼いているようです。

まず部下の行動の要因を検討しましょう。ここでも、価値観の違いが影響しているようです。

Z世代の中には、学生時代の留学や外国企業や外資企業でのインターンシップ経験が豊富な人が割合的にも増えているようです。彼らは、その経験から「きたんのない率直なコミュニケーション」「契約ありきで仕事をすること」「ワークライフバランス」などを重要視しています。

一方、自由奔放で、客先にビーサンを履いていくこともあるとか。**日本で重要視される「信頼関係の構築（飲みながら、ほんの少し愚痴を交えた本音トーク）の人間関係構築」や「組織としての意思決定（あうんの呼吸）」を軽く見がち**なことがあるようです。

行き過ぎると、協調性欠如等、いわゆる「問題行動」に発展していくこともあるようです。

上司世代は、そんなZ世代を理解しようと努めるのですが、組織内での衝突に遭遇して苦慮しつつ、結局、放置してしまうこともあるようです。

しかし、**「多様性を許すこと」と「ワガママを見逃すこと」は違います。**このままでは、上司としての役割は果たせず、部下はこれで良いと思ってしまいます。そのうち「ここでは成長できない」と思い、辞めていくのです。

さて、日本企業に属する以上は、その環境に適応してもらうことも必要に思います。そのために、守るべきことの基準を決めましょう。

ここでは「人事考課」の基本三原則を中心に考えます。

原則として考課制度は大きく分けると次の三つのポイントで成り立っています。

①姿勢（どんなスタンスで仕事に臨むか）
②能力（どんな力を持っているか）
③結果（どの程度の成果を収めたか）

Z世部下と上司の間でズレが生じるのは特に①姿勢の部分です。次のページに①の認識を揃えるための基準の例を用意したので、参考にしてみてください。

図9　【例】姿勢の基準のチェックリスト

姿勢 スタンス	チェック項目
規律性	□ 社内ルールに従って適切に行動を選択していたか □ 社内の風紀、秩序を乱すような言動、行動はなかったか □ 会社や職場の慣行、約束事は守ったか □ 言葉遣い、服装、挨拶、態度、マナーはきちんとできているか
責任性	□ 困難な状況でも粘り強く最後までやり遂げていたか □ 安易に決定を先延ばしにし、自己責任を不明確にすることはなかったか □ 任された仕事において、結果が思わしくない場合、その責任を他に転嫁したりすることはなかったか □ 任された仕事を進めるにあたって連絡・報告を怠ることはなかったか □ 担当業務や依頼された仕事を、責任を持ってやり終えているか
協調性	□ 職場のメンバーの個性や立場がわかっていたか □ 相手の立場に立って物事を考え、担当外の業務でも、チームワークにプラスになる行動を自発的に行っていたか □ 意にそぐわない事でも、組織として決めたことには進んで取組んだか □ 他部門ともよく協力して事に当っていたか □ 利己的な言動、行動はなかったか □ 組織の一員であることを常に意識しているか

一方で、ここでも部下の意見に耳を傾け、必要性について議論をすることが重要です。例えば、規律性の中の「服装」についてです。従来の服務規定に則って、未だに営業職はスーツと決まっている会社もありますが、業務の遂行上必要ないとその取り決めを撤廃している会社も増えてきているようです。

もちろん、部下の価値観が今の日本社会にそぐわない場合もあります。そんなとき、上司の方は「ここは日本だから…」という理由を挙げがちですが、日本は古くて改革の必要があると考えている部下には通用しません。

「顧客の視点から考えると、カジュアルな服装が不快感を与え、結果として受注に悪影響を及ぼす可能性がある」→だからこの規律に従ってほしい、という文脈で説得するのです。最終的には、双方が納得できる解決策を見つけることが大切です。

総じて私たちは、自分が持っていないもの、違ったものに出会ったとき、ハッとしたり違和感を抱きます。でも、そこにこそ「変化成長につながるもの」があるものです。

「違い」は単に「違い」であり、「間違い」ではありません。互いに「違い」から学び、成長

する姿勢を持つことが求められているのです。

▼究極のチームでは、道徳的規範だけが守られている

もう一歩踏み込んで、良いチームを作る規範についても触れておければと思います。

皆さん、劇的な復活で箱根駅伝4連覇を達成した青山学院大学の駅伝チームをご存知だと思います。このチームを優勝に導いたのが原晋監督です。

原監督は多数の著書を出されていますが、そのチームマネジメントは、駅伝の枠を超えて企業でも注目されています。

昨年、東京都社会保険労務士会の特別イベントに原監督を招待し、チームマネジメントの講演をしていただきました。講演の中で価値観が多様化する時代に、若者を迎え入れる企業として、どんなことに気を付けなければいけないか、という点が話題になったとき、監督は**「基本的には自由に、ただし、守るべきは厳しく」を強調しながら、一番大切にしたいのは「道徳である」**とおっしゃっていました。

道徳とは、一般的に次の通りに定義されています。

・公正や正義　公平さや平等さを重視し、他者への不当な差別や不正を避ける
・善行や利他的な行動　他者の幸福や利益を追求し、思いやりや奉仕の精神を持つ
・真実や誠実さ　正直さや誠実さを尊重し、嘘や欺瞞を避ける
・責任と義務　自己や他者への責任を果たし、社会的な義務を遵守すること
・自己成長と品行　自己の成長や向上を追求し、品行や道徳的な美徳を身に付けること

青山学院大学のチームは、一見すると、上級生と下級生の間の垣根が低く、監督と選手間の距離が近いといった、開かれたコミュニケーションが特徴のようです。しかし、その一方で寮生活におけるルールの細かさと厳格さ、特に門限の厳しさなど、基本的な生活規範に関してはしっかりとしたルールが設けられています。

結論、良いチームを作るためには、**道徳的規範に基づいたルールを設け、それを守れない場合には適切な指導を行うことが鉄則です。**

先に触れたスーツ着用の件にしても、業務遂行のうえでは必要なかったとしても、顧客

に不快感を与えないというメリットが大きいと判断すれば、それをルール化して守らせるのです。ルールを守らない部分に関しては、組織に属して給与をもらっている以上は、指導をした方が良いでしょう。個の尊重、多様性の受容とは「ワガママを許す」ことではないのです。

まとめ

嫌われる上司：受け止めきれずに放置してしまう
嫌われない上司：価値観を受け止め、一定の基準を持って指導する

心理的安全性の項目をクリアしているのに…

「心理的安全性」とは、**チームの中で自分の意見が言いやすい、間違いを恐れずにトライできるような安心感**のことです。この安心感があると、みんなが思ったことをオープンに話せるので、新しいアイデアが生まれやすくなり、チーム全体もうまく回るようになります。

ただ、いつの間にか「ポジティブなことしか言ってはいけない」という雰囲気ができあがってしまい、上司はネガティブなことは言いにくくなって指導をためらってしまう場合があるようです。

そうなると、大切な意見や改善点が見逃されることにもなりかねません。

▼心理的安全性を正しく理解していますか？

まず、心理的安全性の定義について改めて確認していきましょう。

心理的安全性の概念は、エイミー・C・エドモンソンによって1999年に提唱されました。彼女は心理的安全性を、**「チームのメンバーが自分の発言を拒否されたり、罰されたりすることなく、自由に意見を述べることができる状態」**と定義しています。チームメンバー間の信頼が築かれ、誰もが自分の意見やアイデアを恐れずに共有できる安心感がある状態です。

さらに、心理的安全性を測る方法として、七つの質問が設定されています。

【心理的安全性　七つの質問】

①ミスを起こすとよく批判される
②課題やネガティブなことを言い合える
③異質なものは受け入れない
④リスクが考えられるアクションを取りやすい
⑤メンバーにヘルプを出しにくい
⑥自分を騙すようなメンバーはいない
⑦自分の能力が発揮されていると感じられる

このチェックリストの通り、本来はリスクを取って発言しても怒られない、批判されない、という意味での安全性なのですが、それがいつの間にか「そんなにきついこと言わない方がいいよね」とか「みんなが嫌な気持ちになること言わない方がいいよね」のような、優しさを強調する概念にすり替わってしまっているのです。

その背景には、**ハラスメントへの警戒心**があります。上司は自分の何気ない発言が「ハラスメント」だと取られてしまうことに恐怖を感じています。

本当は言うべきことなのに、ハラスメントになるかもしれないところもあり、心理的安全性と一緒になって「もう、厳しいこと言わない方がいいか」のような雰囲気になっているようです。

これは、なかなか難しい問題です。

この**心理的安全性の誤解は、チームや部下の成長を阻害**します。優しさを強調してばかりいると、議論を避けたり、新しい挑戦から逃げたりすることになり、成長の機会を失ってしまうのです。

また、ネガティブな意見を言わないとなると、リスクはあるけれども成長の可能性があるアイデアを見逃してしまい、チームのパフォーマンスに悪影響を及ぼすこともあるでしょう。

これまでも何度か出てきていますが、Z世代は成長したい欲求を持っているので、こうなってしまった職場に違和感を抱き、自分が成長できないと思ったら辞めてしまいます。

結局のところ、**失敗を恐れずお互いを尊重し合いながら、最良の解決策を追求する文化を育むことで、チームや組織の成長は促進されます。** こうした理解を深め誤解を解消することで、より強固なチームを築くことができます。

▼パワハラか？パワハラではないか？の判断基準

パワハラかどうかを判断するには、特定の行動が職場での権力の乱用によるものか、またはその行動が職場の人間関係における精神的または物理的な負担を不当に課すものであるかを検討する必要があります。パワハラには、次のような六類型（令和2年厚生労働省告示第5号参照）があります。

①身体的な暴力…直接的な暴力行為や身体的な威嚇
②精神的な暴力…過度のストレスを引き起こすような嫌がらせ、脅迫、侮辱等
③人間関係からの排除…意図的に情報の共有を排除したり、社会的な孤立を強いたりすること。
④過大な要求…能力や状況を考慮せず、達成不可能な業務を課すこと
⑤過小な要求…能力を無視して極端に簡単な仕事を長期間続けさせることで、職務の意義を低下させる行為
⑥プライバシーの侵害…職務と無関係な個人的な領域への不当な干渉や調査

これらの行為が「業務上必要かつ適切な範囲を超えている」場合に、パワハラとみなされることがあります。しかし、これはあくまでも定義上です。

重要なのは、自分が向き合っている部下がどう思うかです。メンタルが弱い人もいれば強い人もいます。ある発言に対して、自分はまったく何も思わなくても、部下はひどく傷つく場合があります。

この線引きは個人によって異なりますが、相手のことをどれだけ理解していて、厳しいことを言っても聞き入れてもらえる信頼関係が築けているかにかかっているように思います。昔は「厳しいことを言いながら信頼関係を築く」プロセスでしたが、その順番が変わってきているのかもしれませんね。

一方で、ある電線工事の仕事でのこと、やはり、高所での作業中、命を脅かされる場面での「馬鹿野郎、何している！」という叱責は日常茶飯事だそうです。しかし、パワーハラスメントの問題にはなっていません。

結局、相手のことを想った発言であることと、「あなたのことを想っているんだ」ということが伝わることが重要なようです。

「あなたのことを想っている」というのは、案外相手には伝わらないものです。照れくさいかもしれませんが、これを言葉にするのも必要なのかもしれません。

心理的安全性とパワーハラスメントの関係性は複雑ですが、目的（前述に沿うと「命を守る」等）に沿って判断する「軸」を明確にすることが肝要です。

目的は、顧客信頼を得る、ノルマを達成する、社会貢献につなげる、結束力を高めるなど、時々の状況に応じて変わるかもしれませんが、その目的達成のために必要なアクションは何かを考えることです。

今現在の目的や軸に対して「正しい手段か・正しくない手段か」を峻別して、取捨選択していく、それを丁寧に言葉にしてチームメンバーの「行動の拠り所」としていくこと。これが、「心理的安全性」ならぬ、上司として発揮すべき「心理的柔軟性」なのではないかと思います。

もし、上司自身で判断できないときは、是非、部下と一緒に、同じ立場で胸襟を開いて話し合う機会を持ってみてください。

まとめ

嫌われる上司：パワハラに怯えて何もしない
嫌われない上司：指摘するべきところはする

おわりに

最後までお読みいただき、ありがとうございます。

管理職の方々との面談が終わった後、いつもこんなやり取りがあります。「厳しいフィードバックばかりでゴメンナサイネ、私は本当は優しいヒトなんですよ」と。

それに対し、「いえ、大人になったらこういうこと、誰も言ってくれないから、ありがたいですよ」と皆さん、そんなふうにおっしゃってくださいます。頭が下がります。

さて、ここまで、苦あり苦あり苦あり…の執筆活動でした。

「こういう本を書きたい」と声を挙げたところから始まりましたが、渦中では、「私は大丈夫、若者とのギャップは、そんなに大きくはないはず」という思い込みから、「ああ、見えていないところ、たくさんあるな」という気付きに変わりました。

たくさんの方にヒアリングもさせていただきました。一つひとつのエピソードを語ったら、何冊も本が書けそうです。改めて御礼申し上げます。

最後に、執筆中に綴った、私のＦａｃｅｂｏｏｋの記事を紹介させてください。学生とのセッションでの一幕です。

いつもの企業研修の対象者は、経営／管理職への昇進昇格を控えている方々ばかり。

こういうの、20年近くやってると、何だか最近、私自身のモノの見方が偏ってきているような気がして…。

だから、余計に若手（高校、大学、大学卒業したばかりという年齢層）とのセッションを、とても大切に感じる。無邪気な学生と話していると、童心に戻って、子どもみたいに笑える。

笑いながら「どんな言葉やフィードバックが、生徒達にとって良いのか」をいつも考える。

そして、思う。

こういう子たちが、いずれ企業に入ってくる…。

迎えるのが、今、私が研修している対象「オジサマ」たちなんだ…と。

図らずも、極端に「幅広い年齢層」に接していて、ヒシヒシと伝わってくる。

双方が考える「当たり前」に、かなりギャップがあるということを。

(自戒を込めて気をつけたい)


執筆を終えた今、一つの結論が見えてきました。

「若者をどう育てるか」を考えることも大切ですが、視点を変えて「若者が育つ環境は何かを考えてみる」。

これが冒頭で述べた「出会いの質」を上げていくことではないかと思います。

皆様の未来が笑顔で溢れるものでありますように。

２０２４年３月

加藤京子（かとう・きょうこ）
H・Rサポート代表
青山学院大学文学部フランス文学科卒業
日商岩井株式会社（現、双日株式会社）入社
社会保険労務士、人材アセスメント、チーフコンサルタントとして活動中。
アセスメント（管理職選抜、昇格審査）事業の一環として、部下育成の相談（面談）を請け負い、年間約100日（20年）の実績あり。
今も変わらず、「部下は何を考えているか分からない」という悩みを持ち続けている上司に、今後入社してくるZ世代を中心とした若者との歩み寄りをお伝えしています。
URL：www.bureau01.com/

Z世代《せだい》に嫌《きら》われる上司《じょうし》 嫌《きら》われない上司《じょうし》

2024年4月19日　初版発行

著者　加藤京子
発行者　和田智明
発行所　株式会社 ぱる出版

〒160-0011　東京都新宿区若葉1-9-16
03(3353)2835ー代表
03(3353)2826ーFAX
印刷・製本　中央精版印刷(株)
本書籍に関するお問い合わせ、ご連絡は下記にて承ります。
https://www.pal-pub.jp/contact/

ISBN978-4-8272-1432-1　C0034